Otto Luterbacher

Die Landschaft in Gottfried Kellers Prosawerken

unikum

Otto Luterbacher

Die Landschaft in Gottfried Kellers Prosawerken

ISBN/EAN: 9783845742908
Erscheinungsjahr: 2012
Erscheinungsort: Bremen, Deutschland

www.unikum-verlag.de | office@unikum-verlag.de

Otto Luterbacher

Die Landschaft in Gottfried Kellers Prosawerken

DIE LANDSCHAFT

IN

GOTTFRIED KELLERS PROSAWERKEN

VON

DR. OTTO LUTERBACHER

TÜBINGEN
VERLAG VON J. C. B. MOHR (PAUL SIEBECK)
1911.

Druck von H. Laupp jr in Tübingen.

Vorwort.

Die vorliegende Schrift möchte einen Beitrag zur Geschichte des Naturgefühls in der deutschen Literatur liefern, indem sie sich die Aufgabe stellt, die Bedeutung und den Charakter der Landschaft in Gottfried Kellers Prosawerken zu untersuchen. Die Gedichte Kellers sind bereits in zwei anderen Arbeiten behandelt worden, von denen die eine (von Müller-Gschwend) mir erst nach Abschluß dieser Studien zu Gesicht gekommen ist. Nicht einzelne Motive, sondern bloß allgemeine Eigentümlichkeiten sollen hier besprochen werden. Der Verfasser weiß wohl, daß seine wenigen Bogen das Thema nicht erschöpfen, daß er bestenfalls nur einem Literarhistoriker vorgearbeitet hat, der einmal den ganzen Keller, vielleicht durch ein größeres Werk, auf sein Naturgefühl hin prüfen wird.

Herrn Prof. S. Singer und besonders Herrn Prof. H. Maync spreche ich für ihr gütiges Interesse und ihre entgegenkommende Unterstützung im Beschaffen einschlägiger Literatur meinen herzlichen Dank aus.

Burgdorf bei Bern,
Juni 1911.

Otto Luterbacher.

Literatur.

BÄCHTOLD, Jakob, G. Kellers Leben, 3 Bände, Berlin 1894—1897. = B. I, II, III.

BALDENSPERGER, F., G. Keller, sa vie et ses oeuvres. Paris 1899.

BATT, Max, The treatment of nature in German literature from Günther to the appearance of Goethes Werther. Chicago 1902.

BERLEPSCH, H. E. v., G. Keller als Maler. Leipzig 1894.

BIESE, A., Die Entwickelung des Naturgefühls bei den Griechen. Kiel 1882.

—, Die Entwickelung des Naturgefühls im Mittelalter und in der Neuzeit. Leipzig 1888. = M. u. N.

—, Zur Literatur der Geschichte des Naturgefühls. Zsch. für vergl. Litgsch. N. F., Bd. 7 und 11.

—, Lyrische Dichtung und neuere deutsche Lyriker. Berlin 1896.

BÖHME, Lothar, Die Landschaft in den Werken Hölderlins und Jean Pauls. Leipzig 1908.

BONUS, Arthur, Zur Charakteristik G. Kellers. Preuß. Jahrb. Bd. 118 (1904), S. 452 ff.

BOURDEAU, J., Poètes et humoristes de l'Allemagne. G. Keller. Revue des deux Mondes 1885. LXVII, 882 ff.

BRAHM, Otto, G. Keller, ein literarischer Essay. Berlin 1883.

BRENNING, E., G. Keller nach seinem Leben und Dichten. Bremen 1892.

BRUN, K., G. Keller als Maler. Neujahrsblatt der Stadtbibliothek Zürich 1894.

BRUNNER, Paul, Studien und Beiträge zu G. Kellers Lyrik. Diss. Zürich 1906. = Br.

ERMATINGER, Emil, Gottfried Kellers Weltanschauung. Wissen und Leben IV. Jahrgang, S. 271—80 und 340—52. Zürich 1911.

—, Das Sigunenmotiv im Grünen Heinrich. Wissen und Leben. III. Jahrgang (1910), S. 341—354.

FREY, Adolf, Erinnerungen an G. Keller. 2. Aufl. Leipzig 1893.

—, Briefe Conrad Ferdinand Meyers. Leipzig 1908, 2 Bände. Im 2. Band, S. 512 ff.: C. F. Meyer, Erinnerungen an G. Keller.

—, G. Kellers Frühlyrik. Leipzig 1909.

FRIEDEMANN, Käte, Untersuchungen über die Stellung des Erzählers in der epischen Dichtung. Diss. Bern 1908.

GOETHES Werke, herausgegeben von K. Heinemann. Leipz. und Wien o. J.

HAAKH, El., Die Naturbetrachtung bei den mittelhochdeutschen Lyrikern. Heft 9 der Teutonia, herausg. von W. Uhl. Leipzig 1909.

HUCH, Ricarda, G. Keller. Band IV 'Dichtung'. Berlin und Leipzig o. J.

JANSSEN, O., Naturempfindung und Naturgefühl bei B. H. Brockes. Diss. Bonn 1907.

JENNY, H. E., Die Alpendichtung der deutschen Schweiz. Bern 1905.

KAMMERER, Fr., Studien zur Geschichte des Landschaftsgefühls in der deutschen Dichtung des frühen 18. Jahrhunderts. Berlin 1909.

KELLER, Gottfried, Gesammelte Gedichte. 15. Aufl. 1902/3. = G.

—, Der grüne Heinrich. Braunschweig, F. Vieweg und Sohn, 1854/5. = G. H. A.

—, Gesammelte Werke, J. G. Cottasche Buchhandlung Nachfolger, Stuttgart und Berlin, 8 Bände.

B. 1. Der grüne Heinrich I. u. II., 39. Aufl. 1905.
B. 2—3. Der grüne Heinrich III. u. IV. 34. Aufl. 1904. } = G. H. oder G. H. B.

B. 4. Die Leute von Seldwyla I. 59.—63. Aufl. 1909.
B. 5. Die Leute von Seldwyla II. 54.—58. Aufl. 1908. } = L. v. S.

B. 6. Züricher Novellen. 53.—57. Aufl. 1909. = Z. N.

B. 7. Das Sinngedicht. Sieben Legenden. 40.—44. Aufl. 1907. = S. G., S. L.

B. 8. Martin Salander. 23. Aufl. 1903. = M. S.

—, Nachgelassene Schriften und Dichtungen (herausg. von J. Bächtold). 3. Aufl. Berlin 1893. = N. Sch.

KÖSTER, A., Der Briefwechsel zwischen Theodor Storm und Gottfried Keller. Berlin 1904.

—, Gottfried Keller. 2. Aufl. Leipzig 1907.

KUTSCHER, Arthur, Das Naturgefühl in Goethes Lyrik bis zur Ausgabe der Schriften 1789. Leipzig 1906.

LEY, G., Studien zur Technik der Erzählung in den Novellen G. Kellers. Diss. Tübingen 1903.

LÜNING, Otto, Die Natur, ihre Auffassung und poetische Verwendung in der altgermanischen und mittelhochdeutschen Epik bis zum Abschluß der Blütezeit. Zürich 1889.

MAYNC, Harry, Storm, Keller und Meyer, Lit. Echo, Bd. VII, S. 547 f.

MEINTEL, Paul, G. Keller und die Romantik. Diss. Bern 1909.

MEYER, R. M., Die deutsche Literatur des 19. Jahrhunderts. Berlin 1906.

MEYER, Th. A., Das Stilgesetz der Poesie. Leipzig 1901.

MÜLLER-GSCHWEND, Gustav, Gottfried Keller als lyrischer Dichter. Berlin 1910. (Aus Acta Germanica VII. 2).

PACHE, A., Naturgefühl und Natursymbolik bei H. Heine. Hamburg 1904.

PETERSEN, W., Erinnerungen an G. Keller. Gegenwart Bd. 43 (1893), S. 389 ff.

Rick, Karl, G. Keller als Charakteristiker. Mitteilungen der Literarhistor. Gesellschaft Bonn, Jahrg. 3, Nr. 3 (1908).

Rudolph, Friedrich, Die Welt des Sichtbaren in ihrer Darstellung bei Jeremias Gotthelf. Bern 1906. Diss. von Basel.

Saitschik, R., Meister der Schweizerischen Dichtung des 19. Jahrhunderts. Frauenfeld 1904.

Schär, A., Emil Kuhs Briefe an G. Keller. Züricher Taschenbuch 1904 S. 188 ff., 1905 S. 76 ff.

Schär, A., Emil Kuhs kritische und literarhistorische Aufsätze (1863—1874). Wien 1910.

Schmidt, Erich, Aus G. Kellers Briefen an J. Bächtold. Deutsche Rundschau, Band 97 (1898), S. 100 ff.

Schultze, Sigmar, Die Entwickelung des Naturgefühls in der deutschen Literatur des 19. Jahrhunderts. Halle a. S. 1907.

Stockmayer, Gertrud, Ueber Naturgefühl in Deutschland im 10. und 11. Jahrhundert. Leipzig 1910.

Stössl, O., Gottfried Keller, Band 5 der 'Literatur'. Berlin o. J.

Walzel, O. F., Die Wirklichkeitsfreude der neueren Schweizer Dichtung. Stuttgart und Berlin 1908.

Zuppinger, K., Gottfried Keller als Maler. Gegenwart, Band 49 (1898), S. 293 ff.

Des Kinderauges freudig Leuchten
Schon fingest Du mit Blumen ein,
Und wollte junger Gram es feuchten,
Du scheuchtest ihn mit buntem Schein.
Ob wildes Hassen, maßlos Lieben
Mich zeither auch gefangen nahm:
Doch immer bin ich Kind geblieben,
Wenn ich zu Dir ins Freie kam!
G. I. 40 Abendlied an die Natur.

Einleitung.

Die Fähigkeit des Naturempfindens scheint dem Menschen angeboren zu werden und auf besonderen organischen Anlagen zu beruhen. Es ist unwahrscheinlich, daß es Menschen ohne irgend welches Naturgefühl gebe; seine Lebhaftigkeit und allfällige Eigenart aber hängt vom Charakter des einzelnen Individuums ab, und auch von seinem Alter. Mit den Jahren wechseln die Neigungen und Interessen des Menschen; es ändern sich seine Gefühle. Kutscher hat uns ein gutes Buch über das Naturempfinden in Goethes Lyrik bis zur italienischen Reise geliefert, in dem er die Gefühlsentwicklung Goethes klar darlegt. Ueber Gottfried Keller fehlt eine solche Untersuchung; doch finden sich einzelne anregende Vorarbeiten, zu denen sich auch diese Schrift gesellen möchte.

Ein Ueberblick mag einleitend die Naturanschauung des jungen Keller skizzieren.

Schon in frühen Jahren, in einem Alter, da andere Kinder wenig Interesse für die Natur zeigen, liebte es Keller — nach der Darstellung des 'Grünen Heinrich' (I, 35) — seine Augen an schönen Wolken und Himmelsbeleuchtungen zu ergötzen, und früh schon übte er sich in der „Nachbildung von Morgen- und Abendrot und andern gesprenkelten Himmelserscheinungen“; noch sollen aus einem selbstverfertigten Bilderbuche ein paar Blättchen erhalten sein (B. I, 27). Es mußte dem Jungen ein entzückendes Vergnügen gewähren, gelegentlich die Häusermassen der Stadt Zürich verlassen und sich in ihrer freien Umgebung oder bei den Verwandten in Glattfelden in Wald und Flur herumtummeln zu dürfen. Ein Aufsatz des Dreizehnjährigen, 'Sommerferien 1832' betitelt (B. I, 417 ff.), zeigt, daß der Knabe seine Augen wohl gebrauchte und bereits auf landschaftliche Schönheit richtete, indem er eine „prachtvolle Aussicht“ rühmt, „auf eine große Ebene, die mit Hügeln, angebauten Feldern und Dörfern wie übersäet und von nähern und fernern Gebirgen begränzt ist.“

Zwei Jahre später wurde Keller aus der Schule ausgewiesen, und wir erstaunen nicht ob seines Planes, Landschaftsmaler zu werden. Bereits hatte er sich im Kopieren geübt (G. H. I, 156 f.) und sich vielleicht schon an die Wiedergabe der Natur selbst gemacht. Seine Eindrücke in Worte zu fassen, dazu war er noch nicht reif genug; die sinnlichere Malkunst berührte ihn lebhafter und bot scheinbar weniger Schwierigkeiten. Habersaat-Steiger und besonders Römer-Meyer leiteten seine Arbeit und regten ihn zur Naturbeobachtung an; doch scheint ihm seine romantische Phantasie anfangs in die Quere geraten zu sein, indem sie ihn zu den abenteuerlichsten Spielereien anregte. Romantiker in seinem Naturempfinden ist Keller sein Leben lang geblieben; jedoch hat er seinen Geschmack von dem Fratzenhaften der Knabenzeit wie von der durch Heine und Jean Paul beeinflußten, etwas manierierten Art der Jünglingsjahre zu reinigen gewußt. Neben der bildlichen Darstellung begann Keller zu Ende der dreißiger Jahre sich allerhand Naturbeobachtungen mit Worten aufzuzeichnen (B. I, 79). „Malerische Motive, die sich seinem scharfen Auge auf Spaziergängen boten, werden erst kurz notiert, allmählich breit beschrieben, so: bestimmte malerische Partien am Albis, an der Sihl und Limmat, beim Kloster Fahr, kleine Wasserfälle mit Felsen und Weiden am Wolf- und Hegibache." Es sind dies Motive, die wir großenteils in den Prosawerken verwendet finden, und es ist mir wahrscheinlich, daß sie dem Dichter bei seinem entwickelten Bildergedächtnis später manchen Anschauungsstoff lieferten. Brun (16) spürt in diesen Aufzeichnungen der Skizzenbücher den Geist eines malerisch empfindenden Feinschmeckers heraus; einige der Beispiele, die uns Bächtold (I, 79 ff.) zitiert, hätte, der Auffassung nach, auch der alte Keller wohl ähnlich konzipiert, die Eichenfamilie, das Kornfeld in der Mittagssonne, auch das Motiv der Abendröte; nur wären die muckerhaften, aber hier charakteristischen Kapellen wohl verschwunden und belebende Laute hineinverwoben worden, die der Maler nicht darstellen kann[1]). Die Hauptsache ist, daß wir schon hier realistische Beobachtung und behagliche Naturstimmung finden. Wir besitzen aber noch andere, vielleicht etwas jüngere Aufzeichnungen Kellers, die nicht auf so warme und frische Empfindungen schließen lassen; es waren offenbar recht bunte, zerrissene Jahre, voll Begeisterung und Melancholie, die ihn zuweilen wie ein wildes eigensinniges Leiden erfüllte (B. I, 66), oft auch voll Freude, wie dies bei verliebten und schwärmerischen jungen Gefühlsmenschen vorkommen mag. Keller hatte damals mit seinem Bäschen Henriette („Anna") einen Freundschaftsbund geschlossen, der ihm 1837 den ersten Reimversuch eingab (B. I, 427). Er besteht aus drei anakreontisierenden Strophen, die Luna einen schäferlichen Liebeswunsch ausdrücken und vielleicht von dem früher gelesenen Geßner (B. I, 52 f.) beeinflußt sind. Aus dem 'Grünen Heinrich' kennen wir eine Schäferperiode Kellers, welche in dieses Jahr (1837) fallen mag (G. H. A. II, 218, B. II, 301): „Desto eifriger erfüllte ich nun die freie Luft mit meinem Flötenspiele, welches dem schmetternden

---

[1]) Man vergleiche z. B. die Erntemahlzeit im 'Sinngedicht' (169), sowie im 'Grünen Heinrich' (I, 182) das Heimatdorf.

und doch monotonen Gesange eines großen Vogels gleichen mochte, und empfand unter stillen Waldsäumen liegend, innig das schäferliche Vergnügen des siebzehnten Jahrhunderts und zwar ohne Absicht und Gemachtheit". An die Anakreontik erinnert der leise Versuch einer Naturvergewaltigung in der letzten Strophe des 'Pfingstgedichtes' B. I, 437 „Nun ist das Morgenlicht . . . ."; auch das Naturgefühl des reifen Keller hat manche Eigenheiten mit der Anakreontik gemein.

Eine Situation des 'Grünen Heinrich' veranschaulicht uns einen Nachtspaziergang Heinrichs mit Anna; auch dieses Motiv weist auf die Jugendzeit zurück. Keller beschreibt uns in einem Aufsatz von 1837 (B. I, 422) eine auf dem Uto zugebrachte Nacht. Das Gefühl kommt nicht rein zum Ausdruck, es vermag sich noch nicht ruhig genug auszudehnen; doch findet sich schon hier ein Element, das in verschiedenen Nachtdarstellungen der Prosa wiederkehrt, der Gegensatz des tiefen Schweigens der ganzen Natur zu einem leise rauschenden Strom. Dieses Kontrastmotiv zwischen unendlicher Stille und Geräusch entwickelt sich immer feiner und begegnet uns beim reifen Keller als Zeugnis reinsten Gegenwartgefühls.

Noch ein von Bächtold (I, 80) zitiertes Bild der Skizzenbücher sei erwähnt, die „wilde, aber erhabene Gebirgslandschaft". Die Naturauffassung zeigt hier effektvoll romantischen Charakter, schwüle Bizarrerie, der wir später nicht mehr begegnen; der durch die schwarze Wetterwolke dringende blendende Sonnenstrahl erinnert an das Gewittermotiv in 'Romeo und Julia auf dem Dorfe' (L. v. S. I, 108). Was an dieser Gebirgslandschaft besonders interessiert, ist der symbolisierte Gehalt, das Gefühl der Vergänglichkeit. Es findet sich hier zum erstenmal, erscheint gelegentlich in den Gedichten der vierziger Jahre („Ich will spiegeln mich in jenen Tagen"), dann besonders in einigen Berliner Gedichten, vielleicht durch die Feuerbachsche Philosophie vertieft, und scheint mir fortan die Grundlage von Kellers Naturgefühl überhaupt zu bilden.

Einen besonderen Charakter zeigt die Darstellung eines auf dem Uetliberg 1839 erlebten Gewitters, die wir in einem Briefe Kellers an den „berüchtigten“ Johann Müller besitzen (B. I, 88 f.); eigenartig sind daran sowohl Motiv wie Sprache. Während die 'Nacht auf dem Uto' von 1837 im ganzen den Eindruck pedantischer Schulmache erweckt, die Notizen der Skizzenbücher mehr objektive Szenenangaben enthalten, spüren wir hier ein starkes, individuelles Gefühlserlebnis, leidenschaftlichen Naturgenuß: „Bald begannen die Blitze sich zu kreuzen, und der Donner stimmte seine untersten Baßsaiten an zum bevorstehenden Konzerte. Ich merkte schon, daß ich nicht vergebens da hinauf gerannt sei, und freute mich inniglich auf das Schauspiel, das sich jetzt wirklich mit aller Pracht vor mir eröffnete. Rings um mich her breitete sich die weite Ferne aus, vom Gewitter verdunkelt, und nun denke Dir den göttlichen Anblick, wenn der rote Blitz auf einmal die ganze finstere Landschaft erleuchtete, so daß man einen Augenblick lang tief in die glühenden Schneeberge und Gletscher hineinsah, und nördlich durchs ganze Limmattal hinunter und ins Rheintal hinüber alle die Kirchlein und Dörflein glänzend im rötlichen Lichte, bis wieder plötzliche Finsternis alles bedeckte; und dann im Vorgrund die krachenden Eichen und Fichten und die schwarzen Nagelfluhmassen, unter denen ich saß. Ich sage Dir, es war ein himmlischer Anblick, und ich hätte mir diese Stunde um 100 Maß Bier nicht abkaufen lassen“. Augenscheinlich hat sich der Schreiber durch die Großartigkeit des Phänomens bei der Reproduktion aus seiner etwas gefälligen Selbstbetrachtung herausreißen lassen zu freiem, frischem Gefühl; gewiß tat dem einsamen Grübler dieses zwanglose Mitteilen wohl. Stofflich ist dies Motiv eigenartig, weil die Darstellung des Erhabenen, des Schrecklich-Schönen bei unserem Dichter sehr selten vorkommt; etwa die Schilderung der Lohe in der Feueridylle ließe sich aus späterer Zeit mit erwähnen.

An denselben Johann Müller hatte Keller schon zwei Jahre

früher einen uns interessierenden Brief gerichtet, der in etwas pathetischen Tönen eine Art Theorie des Naturfühlens darstellt und, wenn auch in ungefüger Form, Anschauungen vertritt, die beim reifen Keller teilweise wiederkehren. B. I, 67 f.: Ich fordre „vom wahren Menschen jene hohe, große, majestätische Einfalt, mit der er den Schöpfer und seine Schöpfung, sich selbst, erforscht, anbetet, liebt. Ich fordre von ihm das Talent, sich in jedem Bach, an der kleinsten Quelle wie am gestirnten Himmel unterhalten zu können, nicht gerade um des Baches, der Quelle und des Himmels, sondern um des Gefühls der Unendlichkeit und der Größe willen, das sich daran knüpft. Ich fordre von ihm die Gabe, aus jeder Wolke einen Traum ziehen und der sinkenden Sonne, wenn sie ihr Feuer über den See wirft, einen Heldengedanken entlocken zu können". Wer das Gefühl der Schönheit für die Natur nicht hat, hat „einen Riß in seinem Herzen, der ihn zum kleinen Menschen macht, ja sogar unter das Tier setzt . . . ich mache einen großen Unterschied zwischen dem, der die Natur nur um ihrer Formen, und dem, der sie um ihrer innern Harmonie willen anbetet, und wahrhaftig der unschuldige Schwärmer ist mir lieber, der die Sonne um ihrer selbst willen bewundert, als der größte Dichter, der nur ihre Wirkung besingt, oder der feurigste Maler, der nur ihren Effekt vergöttert".

Einfalt gegenüber der Natur hat Keller stets bewahrt, das Gefühl des Unendlichen schwingt in seinen lyrischen Naturmotiven im Gemüt stets leise und bezaubernd mit; ohne Sinn für die Natur hat er nur die gemeinsten seiner Gestalten gelassen. Auf den Unterschied zwischen poetischem und malerischem Naturgefühl hat er im ersten 'Grünen Heinrich' noch schärfer und deutlicher hingewiesen.

So erscheint einem jene wohl von Jean Paul beeinflußte Aeußerung als eine Vorausahnung und Vorausdeutung des eigenen noch unentwickelten künstlerischen Charakters, die möglicherweise durch die Abfassung des Briefes selbst klar erwachte.

Ueberblicken wir diese Jahre vor dem Münchener Aufenthalt, so vermögen wir noch keine festgeformte Geschmacksrichtung, noch kein einheitliches Empfinden zu erkennen: es ist eine Zeit des Erwachens und Bewußtwerdens, eine Zeit mannigfaltigen Interesses; die Ruhe und Reinheit des Gefühls fehlt noch, deutlich weisen aber einzelne Motive und Eigenheiten auf die Naturbehandlung des reifen Dichters. Die Beobachtung der Natur zu verschiedenen Tageszeiten mit demselben Genuß, die Freude an eindrucksvoller Beleuchtung, die Vorliebe für Stimmungsbilder, sie zeigen sich schon jetzt, und jetzt schon, während des Kunststudiums, reißt sich der Jüngling bewußt von einseitig malerischem Erfassen der Landschaft los und sucht der Natur an sich gerecht zu werden, indem er sich bemüht, sie in ihrem innern Sein zu erfühlen, in ihrem vollen Leben.

In München scheint Keller sich weniger in der Natur bewegt zu haben; doch lassen die Aufzeichnungen nach seiner Rückkehr auf eine Verfeinerung des Empfindens schließen. Eine früher nicht geäußerte Sensibilität gegenüber den Atmosphärilien macht sich von jetzt an dauernd geltend, die derjenigen Goethes nicht nachsteht.

Besonders das Regenwetter erregte ihm zuweilen Kümmernis: B. I, 202 „Trostloser Regentag!", 207 (15. VII. 1843): „Das Regenwetter dauert fort. Ein Sonett entworfen darüber, worin die beängstigte Stimmung und Sehnsucht nach Sonnenschein und Wärme ausgesprochen wird". Im ersten Band der 'Gesammelten Gedichte' finden sich zwei solcher Regenwetter-Elegien, die eine datiert vom September 1844 (S. 65) 'Trübes Wetter', erfüllt von weicher Melancholie, die andere (S. 59), vielleicht etwas später entstanden, als 'Regen-Sommer' bezeichnet. Charakteristisch ist in dieser die Parallele der nassen Witterung zu dem weinenden Weibe, ein Motiv, das in verschiedenen Variationen in der Prosa wiederkehrt.

Lebensfreude spendet dagegen der sonnige Himmel, so B. I,

214[1]): „Morgenspaziergang. Das Wetter ist rein und sonnenklar. . . Da kommen mir die Ideen haufenweise hergetrollt und tummeln sich in wilder Anarchie in mir herum, so daß ich ihrer nicht mehr Meister werde. . . Was mich am meisten in immerwährender Aufgeregtheit erhält bei solchen Gängen, ist die Natur, die sich mit ihren tausend Bildern und Schönheiten immer zwischen die Ideen drängt"; er müsse jedoch jetzt die Zeit zum Dichten, nicht zum Malen verwenden. An eine poetische Verwertung der Landschaft denkt er zu dieser Zeit (1843) offenbar nicht; doch kann er sich nicht enthalten, wie früher in den Skizzenbüchern, so jetzt im Diarium einige landschaftliche Kompositionen in Worten zu entwerfen (B. I, 215 ff.); alle zeigen romantischen Stimmungsgehalt und erinnern z. T. an Böcklin, z. T. an Schwind. Der Geschmack ist unrein, schwül und phantastisch, wenigstens in den beiden ersten Motiven (vgl. G. H. III, Kap. 11).

Im Jahre 1843 entstanden einige politische Gedichte, erst das folgende ist aber das eigentliche Geburtsjahr der Kellerschen Lyrik. Jetzt finden wir Landschaftsmotive auch dichterisch verwertet; doch ist das Naturgefühl Kellers noch nicht rein und ausgereift, der Dichter noch nicht gefestigt; auch harmonieren Gefühl und Form nicht so eindrucksvoll wie in der letzten Redaktion. Noch scheint Keller einer Naturbetrachtungsart gehuldigt zu haben, die er später verwarf, einem einsamen und müßigen Genießen, das, wie er im ‚Grünen Heinrich' erklärt (I, 141), das Gemüt verweichlicht. Die Gefahr solcher Verweichlichung mag aber für ihn nicht groß gewesen sein; wenigstens finden sich keine sichern Spuren davon. Schon als Achtzehnjähriger (B. I, 166) hatte er seinem Freunde Johann Müller „die Einsamkeit, verbunden mit dem ruhigen Anschauen der Natur" gepriesen, und wir begegnen ihm wiederholt bei Tag und bei Nacht einsam auf dem Uetliberg; er scheint aber zu gesund gewesen zu sein, als

[1]) Vgl. darüber ferner B. II, 354, III, 230. 264. 416; Köster-Storm 58 (26. II. 79).

daß ihn solche Schwärmerei hätte schwächen können, auch wenn er sich absichtlich hätte einfühlen wollen. Wir besitzen allerdings eine im Juni 1844 entstandene, später gestrichene seltsame Strophe in dem Gedicht ‚Zur Erntezeit' (Ged. I, 51), die auf ungesunde Natureinflüsse schließen lassen könnte; doch wage ich nicht, darin mehr als eine vorübergehende Erscheinung zu erblicken. Das Gedicht lautet in erster Fassung (Br. 205):

Das ist doch eine üppige Zeit,
Wo alles so schweigend blüht und glüht,
Wo des Sommers stolzierende Herrlichkeit
Langsam durch die schwelgenden Lande zieht,

Das Himmelblau und der Sonnenschein,
Die zehren und trinken mich gänzlich auf!
Ich welke dahin in üppiger Pein,
Im Blumenmeer versiegt mein Lauf.

Keller scheint in diesem Jahre (1844) allerhand romantische Bücher, vielleicht Heine und Novalis, gelesen zu haben und von dieser Lektüre stark beeinflußt worden zu sein.

Besonders spürt man in seiner Darstellung der Nacht eine andere, feinere Auffassung. Es stammen aus dieser Zeit verschiedene Nachtmotive: Ged. I, S. 17 ‘Stille der Nacht' vom 5. VII. 1844, S. 18 ‘Unruhe der Nacht' vom 24. VI. 1844, S. 24 ‘Nachtfalter' vom Juli 1844, S. 25 ‘Nachtfahrer' vom Juli 1844. Sie sind nicht alle gleich rein und ehrlich empfunden; als das wertvollste darf wohl ‘Stille der Nacht' bezeichnet werden. Der erhabene Eindruck beruhigt den Dichter und befreit sein Gefühl; er entsetzt sich nicht mehr, wie 1837 auf dem Uto (B. I, 425), über die Unendlichkeit und Größe:

Doch wie im dunklen Erdental
Ein unergründlich Schweigen ruht,
Ich fühle mich so leicht zumal
Und wie die Welt so still und gut.

Kellers Einfühlungsvermögen ist voller und intensiver geworden. Es ist hier mehr aufs Allgemeine, Weite gerichtet als auf realistische Landschaftsbetrachtung, wie wir sie etwa in den Nachtmotiven der Prosa finden (z. B. Z. N. 273). Noch aus diesem Jahre stammen Gedichte von detaillierterer Wirklichkeitsbetrachtung, wie Ged. I, 60:

> Im Herbst verblichen liegt das Land,
> Und durch den grauen Nebel bricht
> Ein blasser Strahl vom Waldesrand,
> Den Mond doch selber sieht man nicht.

Für die spätere Zeit sei nur auf die beiden Waldlieder (Ged. I, 53 f.) hingewiesen.

Paul Meintel hat in dem Kapitel „Romantische Bildlichkeit bei Keller“ die Naturanschauung und Naturbehandlung Kellers in dieser Zeit etwas näher untersucht. Je älter Keller wurde, um so frischeren, realistischeren Charakter verlieh er seinen Landschaftsdarstellungen; er reifte sich allmählich aus und überwand alle seiner Eigenart fremde Beeinflussung.

Seine vorhandenen Prosaaufzeichnungen offenbaren freie Sinnenfrische; besonders die Beschreibung eines Morgenausblicks vom Zürichberg vom 20. IX. 1847 (B. I, 298 f.) scheint sich geradezu an die Schilderung des Gewitters auf dem Uetliberg vom Jahre 1839 anzuschließen (B. I, 88). Der Stil ist ruhiger, die Ausführung breiter, detaillierter geworden; die Begeisterung ist dieselbe geblieben, nur hat sie sich vertieft; von irgendwelcher Gesuchtheit der Sprache und Effekthascherei in der Darstellung, von irgendwelchem weichlichen Genießen ist nicht eine Spur vorhanden; sinnenfrohes, freies Naturgefühl dringt aus dieser Skizze. Vielleicht noch am selben Tage wurde das Eingangsmotiv von ‘Romeo und Julia’ notiert, das uns unmittelbar zur Hauptaufgabe, zur Betrachtung der Landschaftsmotive in den Prosawerken, überführt.

Jean Paul scheint Keller den Jugendunterricht im Naturbetrachten erteilt zu haben, anregend nach allen Richtungen, aber unrein, oft bizarr; doch Goethe griff klärend ein und lehrte ihn eine tiefere, ruhigere Anschauung. Praktisch beweist dies ein Vergleich der frühern Landschaftsmotive mit den späteren: bei jenen macht sich oft eine unbestimmte Schwärmerei geltend, bei diesen eine gleichmäßig warme Freude. Die Ausreifung scheint lange gedauert zu haben und nicht eine ruhig fortschreitende gewesen zu sein. Noch das große Einleitungsmotiv im alten 'Grünen Heinrich' (I, S. 9 ff.) weist auf Jean Paul („himmlische Kristallglocke", „Eisaltar"), dagegen einzelne früher entstandene Gedichte auf den reifen Goethe z. B. 'Landwein' (II, 23; 1848).

Theoretisch gestehen zwei Bekenntnisse Kellers diese erwähnten Einflüsse ein; sie mögen hier noch zitiert sein. Das eine, über Jean Paul, steht im alten 'Grünen Heinrich' (II, 174 f. B. II, 283): In einem Roman des Jean Paul „schien mir plötzlich alles tröstend und erfüllend entgegenzutreten, was ich bisher gewollt und gesucht, oder unruhig und dunkel empfunden . . . vor allem aber die Naturschilderung an der Hand der entfesselten Phantasie, welche berauscht über die blühende Erde schweifte und mit den Sternen spielte, wie ein Kind mit Blumen, je toller, desto besser! Diese Herrlichkeit machte mich stutzen, dies schien mir das Wahre und Rechte. Und inmitten der Abendröten und Regenbogen, der Lilienwälder und Sternensaaten, der rauschenden und plätschernden Gewitter, die der aufgehenden Sonne das Kinderantlitz wuschen, daß es einen Augenblick sich weinend verzog und verdunkelte, um dann um so reiner und vergnügter zu strahlen, inmitten all des Feuerwerkes der Höhe und Tiefe, in diesen saumlosen und schillernden Weltmantel gehüllt der Unendliche, groß, aber voll Liebe".

Das andere Geständnis, für sich selbst sprechend, findet sich ebenfalls im 'Grünen Heinrich' (B. III, 12 f.). Nach der Lektüre von Goethes Werken ergeht sich der Erzähler im Freien. „Die alte Bergstadt, Felsen, Wald, Fluß und See und das formenreiche Gebirge lagen im milden Schein der Märzsonne, und indem meine

Blicke alles umfaßten, empfand ich ein reines, nachhaltiges Vergnügen, das ich früher nicht gekannt. Es war die hingebende Liebe an alles Gewordene und Bestehende, welche das Recht und die Bedeutung jeglichen Dinges ehrt und den Zusammenhang und die Tiefe der Welt empfindet. Diese Liebe steht höher als das künstlerische Herausstehlen des einzelnen zu eigennützigem Zwecke, welches zuletzt immer zu Kleinlichkeit und Laune führt; sie steht auch höher als das Genießen und Absondern nach Stimmungen und romantischen Liebhabereien, und nur sie allein vermag eine gleichmäßige und dauernde Glut zu geben. Es kam mir nun alles und immer neu, schön und merkwürdig vor und ich begann, nicht nur die Form, sondern auch den Inhalt, das Wesen und die Geschichte der Dinge zu sehen und zu lieben" [1]).

---

[1]) E. Ermatingers Vortrag über Kellers Weltanschauung („Wissen und Leben", Zürich, 1911), konnte erst während der Korrektur der Druckbogen eingesehen werden.

Der geographische Hintergrund.

Kellers Fabeln spielen sich fast ausschließlich im Freien ab; selten finden sich Szenen im Innern eines Hauses. Es läßt sich daraus auf die Bedeutung der Landschaft noch kein Schluß ziehen; denn z. B. auch Kleists 'Michael Kohlhaas' bewegt sich hauptsächlich im freien Felde, ohne daß sich Naturmotive eingewoben fänden. Aber Kellers eigene Persönlichkeit war in so hohem Maße von der Natur beeinflußt, daß sich dies Verhältnis auch in seinen Werken reproduzieren mußte. Es möchte schwerlich ein anderer Dichter zu finden sein, in dessen Schöpfungen die Verwendung der Landschaft und ihre Beziehung zu den Seelenvorgängen der poetischen Figuren feiner durchgeführt wäre, als bei Gottfried Keller. Freilich macht sich auch auf diesem Gebiete eine gewisse Einseitigkeit geltend; die engen Bande, die den Dichter an seine Heimat knüpften, werden auch hier bemerkbar, ja sie erscheinen erst recht gefestigt, wenn man den Charakter seiner Landschaftsmotive betrachtet. Diese sind in ihrer großen Mehrzahl der engern Umgebung Zürichs entnommen, auch da, wo ein bestimmter Schauplatz nicht erwähnt wird, wie in den 'Leuten von Seldwyla', im 'Sinngedicht' und 'im Martin Salander'. Auch in der zweiten Bearbeitung des 'Grünen Heinrich' wird der Name Zürichs nicht erwähnt, ergibt sich jedoch schon aus der Biographie des Dichters von selbst. Wir kennen Kellers Gewissenhaftigkeit in der Verwendung historischer und anthropologischer Motive; C. F. Meyer und Adolf Frey geben uns in ihren

„Erinnerungen“ allerhand Beispiele der fast pedantischen Aengstlichkeit, mit der Keller die Wirklichkeit, die Existenzmöglichkeit seiner Motive zu sichern suchte. Wir wissen auch, wie ungemütlich ihm die Bearbeitung historischer Stoffe war, wie schwer ihm die poetische Darstellung ungeschauter Dinge fiel. So darf man wohl auch annehmen, daß ihn gleiche Gefühle beklemmten, wenn er fremde Landschaftsbilder, historische oder exotische, seinen Fabeln unterschob. Hier hätte ihm zwar die Malerei die Arbeit erleichtern können; wie der grüne Heinrich sich in Römers italienische Aquarelle einlebt, hätte der Dichter sich wohl durch gute Gemälde einigermaßen in nie bereiste Gegenden einfühlen können, doch nur einigermaßen: die Malerei kann nur wenige Eigenschaften des dichterischen Naturgefühls darstellen.

Noch ein weiterer Grund wird Kellers Einseitigkeit bestimmt haben, der Charakter der von ihm dargestellten Menschen. Sie zeigen fast alle schweizerische Eigenart; diese war begreiflicherweise dem Zürcher am verständlichsten, ihre Darstellung fiel ihm am leichtesten. Zwischen Eigenart und Landschaft, zwischen „Land“ und „Leuten“ bestehen für Keller intime Beziehungen. In seiner Heidelberger 'Grille' (B. I, 462 ff.) äußert er sich darüber: ins Neckartal passe die romantische Dichtung am besten; nordische Riesen oder homerische Helden entsprächen dagegen den skandinavischen oder hellenischen Wolkenhimmeln. „Alle Poesie bedarf zuvorderst eines günstigen Terrains, eines entsprechenden Bodens, auf welchem ihre Gebilde leben und handeln können. Dies nährende Land muß sogar v o r den Leuten vorhanden sein und dem Ganzen den Grundton geben . . . Wenn jede Poesie ihren gehörigen landschaftlichen Boden braucht, so braucht auch jede Landschaft ihre poetischen Bewohner“. Keller hat diese Erfahrung nach Möglichkeit verwertet, indem er seinen eigenen Neigungen treu blieb, die ihn an das Zürcherland und an die Zürcherart banden. Für seine Dichtung ergab sich daraus das intime Verhältnis seiner Menschen zur Natur, das natürlich im wesentlichen auch dasjenige Kellers ist. Es sind hauptsächlich sonnige, fruchtbare Talgelände, aussichtsreiche Anhöhen oder — je nach den Handlungsvorgängen — lauschige Winkel in Wald und Feld, die uns poetisch veranschaulicht werden; sie übten auf Keller, wie er seinem holsteinischen Freunde Petersen gelegentlich bemerkte, mehr Reiz aus als das Gebirge [1]). Dieses verwendet er denn auch selten, wenigstens als Handlungsschauplatz — z. B. in den 'Verschiedenen Freiheitskämpfern'. Der Dichter selbst war kein Bergsteiger, wie Haller oder Goethe; wohl pilgerte er einmal mit Freunden in der Via mala herum (N. Sch. 28 f.), fuhr den Vierwaldstätter See hinauf und gab sich dabei allerhand Grübeleien hin, malerischer und philosophischer Art, verglich die geborstene Erdkruste mit einer Baumrinde, den See mit einem Wassertropfen (N. Sch. 40), den Menschen mit einer Blattlaus, aber zu eigentlichem sympathetischem Naturgefühl rang er sich augenscheinlich nicht recht durch. Diese titanischen Felsen waren ihm wohl zu hart und gewaltig; er konnte sie mit seinem Gefühl nicht bemeistern, das mehr auf anmutige Einfachheit als auf erhabene Kraft gestimmt war, und dem die Berge als ungeordnete, wilde Gesellen fast ungenießbar sein mußten. Brun bezeichnet Keller dem Komponisten C. F. Meyer gegenüber als einen wesentlich lyrischen Dichter. Dieses lyrische Element äußerte sich besonders in seinem Landschaftsgefühl, das stets auf stimmungsvolle Motive gerichtet war. Gerade in Kellers Stellung zum Gebirge zeigt sich dies deutlich: das Gebirge wird ihm, wie einst auch Haller [2]), ästhetisch erst erfaßbar im Glanze der alles umleuchtenden Atmosphäre, im Schimmer abendlicher Dämmerung, wenn der Schleier der Luft alle Unordnung und Schroffheit der Formen einhüllt und dem Betrachter das gewünschte einheitliche Stimmungsbild zeigt. So spricht Keller z. B. in den 'Züricher Novellen' (S. 28) von „einer wilden Welt, die nur durch das Blau

---

[1]) Vgl. Petersen S. 391.

[2]) Vgl. Kammerer Diss. S. 86; Biese, M. u. N. S. 297.

der Sommerluft und den Glanz von Schnee und See einigermaßen zusammengehalten war". Aehnlich, doch undeutlicher, äußert er sich in dem Aufsatz 'Am Mythenstein' (N. Sch. 46 f.): „Der schönste Abendschein begann nah und fern auf dem Berglande zu glühen, als die Flotte in höchster Zufriedenheit und mit Hörnerklang nach Brunnen zurückfuhr. Diese Zufriedenheit verwandelte denn auch die zufällig geborstene Erdrinde wieder in eine Landschaft, welche im schönsten Verhältnisse stand zu der menschlichen Stimmung".

Wo bei Keller das Gebirge in der Landschaft erscheint, dient es größtenteils als Horizontabschluß und seine einzelnen Formen lösen sich in dem Blau der Ferne auf. Uebrigens versteht er unter dem Ausdruck Gebirge häufig nicht die Hochalpen, sondern die meist sanfter geformten Vorberge, z. B. den Albis (Z. N. 80 f.) mit der Schnabelburg (880 m), ein Gebiet, in dem er schon eher zu Hause war.

Seltener denn als Objekt eines im Tale weilenden Betrachters und nur vorübergehend wird das Gebirge als Lokal der Handlung verwendet, z. B. im 'Verlorenen Lachen' (L. v. S. II, 271) und in 'Don Correa' als charakteristisches Nest der Donna Feniza (S. G. 227). In den 'Verschiedenen Freiheitskämpfern' spielt der zweite Teil sich im Hochland der Urschweiz ab; doch finden sich auch hier keine eigenartigen Motive. Keller selbst scheint sich nie im Hochgebirge aufgehalten zu haben, so daß ihm wohl dessen besondere Reize nicht aus eigener Erfahrung bekannt waren. Vermutlich hätte ihn der Mangel an Kultur in den weltfernen Tälern trotz all der bunten Schönheiten bedrückt und die zerklüfteten, gewaltigen Felsenmassen ihn schmerzlich berührt. Vermochte er sich auch in andere Landschaften einzufühlen, seiner Natur war die einfache friedliche Gegend um Zürich herum am sympathischsten. Im 'Apotheker von Chamounix' bezeichnet er ein „Meer des Eises" gelegentlich als „stundenweite Wüste", (z. B. II, 181, 228), und ähnlich im 'Grünen Heinrich' (I. A. IV, 464) die steilen Gebirge als „fabelhaftes Totenreich und wilde Wüste“.

Trefflich, wenn auch nicht häufig, verwendet Keller Gebirgsmotive in Parallelen, Metaphern und Symbolen, z. B. in 'Spiegel das Kätzchen' (L. v. S. I, 299): „Als sie über den St. Gotthard ritt auf einem Eselein, war ihre Gesinnung so schwarz und schaurig, wie das wilde Gestein, das sich aus den Abgründen emportürmte, und sie fühlte die heftigste Versuchung, sich von der Teufelsbrücke in die tobenden Gewässer der Reuß hinabzustürzen“. Im 'Hadlaub' (Z. N. 80) scheint „die damals verschlossene Gebirgswelt in ihrem silbernen Schweigen, von den Hörnern des nachmaligen Bernerlandes bis zum Säntis, nur als Zeuge einer ewig seligen Gegenwart herumzustehen“.

Wenn die friedliche Landschaft Kellers Dichtercharakter entsprach, so mag man vermuten, daß die Mark ihn besonders angezogen habe. Von seinem „pennsilvanischen Zellengefängnis“ Berlin aus (B. II, 208), das um 1850 kaum eine halbe Million Einwohner zählte, floh Keller gern zuweilen, im Unterschied zu seinen Landsleuten, nach Tegel, Potsdam oder sonst irgendwohin über Land. Er empfand die sanfte Freundlichkeit dieser Gegend, ja sie war ihm nur zu weich; an Hettner bemerkte er gelegentlich (B. II, 225): „Die Märkische Landschaft hat zwar etwas Elegisches, aber im ganzen ist sie doch schwächend für den Geist“. Er zog die kräftigen Formen seiner engern Heimat vor, in die sein Charakter nun einmal besser paßte und von der er, wohl gerade im Gegensatz zur Mark, im ersten 'Grünen Heinrich' (II, 35) erklärte: „Es war nicht eine raffinierte schöne Gegend, deren Hauptzüge in einem Tage erschöpft sind, sondern eine solide Landschaft, welche bei anscheinender Härte und Schroffheit tief und lebendig war“. Der 'Grüne Heinrich', der ja in Berlin entstanden ist, zeigt keine Einflüsse der landschaftlichen Umgebung dieser Stadt, aber in einigen hier verfaßten Gedichten Kellers weht eine tief melancholisch-elegische Stimmung; man vergleiche

z. B. I, 66 'Stiller Augenblick', I, 70 'Fahre wohl', II, 93 'Am Tegelsee', II, 94 'In einem Lustwalde'.

Noch sei ein Blick auf die Verwendung von Meer, Wüste und Urwald gestattet. Obgleich er fünf Jahre in Berlin wohnte, entschloß sich unser Dichter nie zu einer Tour ans Meer, woran wohl in erster Linie seine beständige Geldnot, vielleicht aber auch nur seine Bequemlichkeit schuld war; denn das Reisen war nie Kellers Sport, scheint er doch nicht einmal das Berner Oberland besucht zu haben. Noch in späteren Jahren gedachte er aber, von Zürich ans Meer zu fahren, und stellte seinem Bekannten Storm, vielleicht nur in flüchtiger Laune, in einem Brief vom 13. Juni 1880 einen gelegentlichen Besuch in Aussicht, mit dem Wunsche, die Nordsee und die Ostsee zu sehen, „besonders wo die Ufer bewaldet sind".

In seinen Werken spielt die See keine bedeutendere Rolle, wenn sie auch als Motiv mehrmals verwendet wird, am besten in 'Don Correa', wo Zambo Maria ihren Gemahl als echtes Naturkind fragt (S. G. 282): „Hat das Meer auch eine Seele und ist es auch frei?" „Nein", antwortet Don Correa; „es gehorcht nur dem Schöpfer und den Winden, die sein Atem sind".

Im allgemeinen wird nur die Unendlichkeit des Ozeans ausgedrückt, die dem Gemüte der Seefahrer nirgends Ruhepunkte bietet und besonders auf betrübte Menschen bedrückend wirkt, so auf Regine und Erwin Altenauer (S. G. 119), deren „Reise dem Dahinfahren zweier verlorenen Schatten auf Wassern der Unterwelt ähnlich war". — Kolorit, Brandung oder Sturmmotive werden nicht verwendet.

Wie vom Gebirge, finden wir auch vom Meere vortreffliche Metaphern, z. B. im 'Verlorenen Lachen' (L. v. S. II, 344), da es der vereinsamten Justine zu Mute ist, „wie einer verirrten Biene, welche in der kalten Herbstnacht über endlosen Meereswellen schwebt", ein Motiv, das an Lenaus 'Schmetterling' erinnert (II, 91). Oder in 'Pankraz dem Schmoller' (L. v. S. I, 42), wenn der

Held eine solche Ruhe in sich fühlt, „wie das kühle Meerwasser, wenn kein Wind sich regt und die Sonne obenhin darauf scheint“. Derartige Wassersymbolik liebt Keller sehr in Vers und Prosa.

Ein einziges Mal, in der Erzählung des heimgekehrten Pankraz (L. v. S. I, 71 f.), werden wir an den Rand der Wüste geführt, der mit seinen blauen Bergen, den Wäldern und grünen Fluren, die ein hügeliges, goldgelbes Gefilde umschließen, mit der in steiniger Gegend gelegenen Bachschlucht voll von frischem Grün und tausendfältigen rosenroten Blüten ein seltsames und schwer faßliches Bild gewährt. Es findet sich dazu in den übrigen Werken kein Gegenstück, abgesehen von der Zauberlandschaft Lucifers in der Legende 'Die Jungfrau und der Teufel' (S. L. 370). Zu dem irrealen Charakter der Legenden durfte auch der realistische Dichter willkürlich erfundene Landschaftsmotive schaffen, die der Form nach, ihrer Ausnahmestellung wegen, für die Eigenart Kellers unwesentlich sind. Inbezug auf Anschaulichkeit der Darstellung und Rhythmus der Verwendung schließen sie sich den Motiven der übrigen Epik an.

Auch die Luft des amerikanischen Bodens atmen wir einmal, in den 'Berlocken' (S. G. 298). Während aber etwa in 'Pankraz dem Schmoller' die indische und afrikanische Wildnis einigermaßen verworren geschildert, sogar ein wilder Eber, in Afrika ein zorniger Löwe nebenbei erlegt wird, vernehmen wir in dem viel später niedergeschriebenen 'Sinngedicht' von dem Charakter der besuchten Gegend nur, es sei eine „Stromlandschaft“ gegewesen. Kellers Geschmack ist einfacher, ruhiger geworden.

In einem Gedicht, 'Nicolai', (II, 61) wird als Milieu, wie z. B. in Stifters 'Brigitta', einmal die Steppe verwendet, ein Motiv „sonder Farbe, sonder Sterne“.

Die Verwendung der Landschaft.

Die Verwendung der Landschaft in Kellers Werken ist eine verschiedenartige. In erster Linie bildet die Landschaft das Lokal, in dem sich die Fabeln abspielen, den Teppich[1]), auf dem sich der Mensch bewegt. Nicht viele Szenen der Handlung gehen, wie schon erwähnt, im Innern eines Hauses vor sich, und wo dies der Fall ist, wird doch gern zugleich die landschaftliche Umgebung dargestellt, z. B. im 'Landvogt von Greifensee' der Ausblick von Salomon Landolts Haus (Z. N. 243): „Das Gemach, in welchem der Tisch gedeckt war, leuchtete vom Glanze des blauen Himmels und des noch blaueren Seespiegels, der durch die hohen Fenster hineinströmte; wenn aber das Auge hinausschweifte, so wurde es gleich beruhigt durch das jenseitige jung grüne Maienland". Desgleichen liest man im 'Martin Salander' (15): „Durch die Fenster sah man nur Grünes, Apfelbäume, Wiesen und statt der blauen Luft, soweit der Blick zwischen den Stämmen und Aesten den Weg fand, im Hintergrunde den ansteigenden Weinberg". — Die meisten Häuser der handelnden Personen sind in freier Landschaft gelegen: die Wohnungen Annas, Dortchens, des Pfarrer-Onkels im 'Grünen Heinrich', das Landgut Brandolfs, die Villa Lucies und die Hildburgs im 'Sinngedicht', die Burg Manegg, das Schloß Greifensee, das Heim der Ursula in den 'Züricher Novellen' u. a. Fast jedes Haus besitzt einen Garten, dessen Charakter dem Vermögen des Eigentümers entspricht; es findet sich bei Keller wohl kein halbes Dutzend Gebäude, die diesen Schmuck entbehren. In diesen Gärten spielt sich zum Teil

---

[1]) Vgl. G. H. III, 15: „Ich hatte es weder mit dem menschlichen Wort, noch mit der menschlichen Gestalt zu tun und fühlte mich nur glücklich und zufrieden, daß ich auf das bescheidenste Gebiet mit meinem Fuß setzen konnte, auf den irdischen Grund und Boden, auf dem sich der Mensch bewegt, und so in der poetischen Welt wenigstens einen Teppichbewahrer abgeben durfte".

die Handlung ab, z. B. im 'Sinngedicht' ein Teil der Rahmenerzählung, im 'Martin Salander' das Mondschein-rendez-vous der von Salander belauschten Liebespaare (110 f.), verschiedene Episoden im 'Grünen Heinrich', in den 'Mißbrauchten Liebesbriefen' etc. Im Garten oder sonst im Freien finden fast ausnahmslos die Mahlzeiten und Festlichkeiten statt. Der Kantor von Mure bemerkt im 'Hadlaub' (Z. N. 31) zu dem alten Ruof: „Ihr Landbebauer kennt ja nicht die höfische Freude, im grünen Klee und unter Blumen zu sitzen, wenn ihr tafelt". So wenig unsere Zeit von dieser Freude weiß, so sehr wird sie von Kellers Menschen gesucht. Man feiert Verlobung (S. G. 38 f.) und Hochzeit[1]) unter blühenden Bäumen; Frühstück[2]) und Imbiß (M. S. 30 f.) werden im Garten eingenommen; die Ackerleute wünschen (S. G. 169) im Eichwald zu speisen. Der Idyllendichter Geßner serviert (Z. N. 185) seinen Gästen den Tee „unter den schönsten Ahornbäumen, hinter denen die grüne Berghalde, Kronen über Kronen, zu dem blauen Sommerhimmel emporstieg". Auf größere Festlichkeiten sei nur hingewiesen: G. H. I, 144; L. v. S. II, 202. 216 ff. 229 ff. u. a. m.

Am stärksten kommt die Landschaft auf den zahlreichen Spaziergängen zur Geltung, die in allen Werken unternommen werden und deren Aufzählung zu weitläufig wäre. Es ist für die Einfachheit Kellers charakteristisch, wie wenig Pferd und Wagen benützt werden; mehr kommt das Schiff zu seinem Recht. Die meisten Menschen lieben Ausflüge und Märsche zu Fuß. Dabei bietet die Landschaft Gelegenheit zur verschiedenartigsten Verwendung, sei es als begangener Grund und Boden während des Marsches, sei es als malerisches Aussichtsbild eines ruhenden Betrachters; denn das Ziel der meisten Wanderer ist eine Bank oder ein Wirtshaus auf freier Anhöhe mit weiter Fernsicht. Besonders bei Schiffahrten, bei denen die Bewegung der Menschen

[1]) L. v. S. II, 187; M. S. 172.

[2]) S. G. 130 ff.; L. v. S. II, 264.

beschränkt ist, kommt das wechselnde Landschaftsbild zur Verwendung, dessen Darstellung zugleich inbezug auf die Handlung retardierend wirkt, z. B. am Schluß von 'Romeo und Julia' (L. v. S. I, 165): „Der Fluß zog bald durch hohe, dunkle Wälder, die ihn überschatteten, bald durch offenes Land, bald an stillen Dörfern vorbei, bald an einzelnen Hütten . . .", nicht so mannigfaltig im 'Hadlaub' (Z. N. 106): „Die waldigen Ufer links und rechts waren still wie das Grab. Der Vollmond stand am Himmel und verwandelte den Rhein in eine wallende Silberstraße". Hier ist zugleich bemerkenswert, daß das Landschaftsmotiv erst während des zweiten Teiles der Fahrt, nach dem Halt bei Rheinfelden eingeflochten wird, da hier die Spannung dadurch um so mehr wächst, je näher Hadlaub dem Schloß der Fides rückt. — Auch im 'Verlorenen Lachen' (L. v. S. II, 265) und im 'Sinngedicht' (322 f.) kommt ein Schiffahrtsmotiv vor, hier wie dort ohne ein näher ausgeführtes Landschaftsbild, da weder Retardation noch Spannung der Stimmung erforderlich ist.

Auch bei Touren zu Pferd finden wir das variierende Landschaftsbild, z. B. in der berühmten Abendlandschaft im 'Grünen Heinrich' II, 401 ff.

So verlegt Keller aus persönlicher Freude an der Natur den Schauplatz seiner Fabeln größtenteils ins Freie. Landschaft und Fabel sind eng mit einander verbunden; es zieht sozusagen ein voller Strom frischen, freien Naturgefühls durch den Rhythmus der Seelenbewegungen, die sich im Leser auslösen.

Der eigentliche Zweck der Landschaftsverwertung besteht ja für den Dichter darin, dem Leser die Naturfreude, den Naturgenuß zu bereiten, den er selbst in Wirklichkeit empfunden hat, kurz ihm das Gefühl zu erwecken, er erlebe diese Wirklichkeit. Soweit dies dem Dichter gelingt, werden wir seine Kunst loben; wo er aber die Natur bloß äußerlich betrachtet und schildert, nicht genießt und uns zum Erlebnis macht, werden wir ihn zurückweisen. Wenn Keller uns auch auf die verschiedenste Weise

Naturmotive darstellt, nur ganz selten verfällt er in etwas ermüdende Schilderung, und zwar weniger durch den Mangel an sprachlicher Belebungskraft als durch zu große Breite, z. B. L. v. S. I, 112 f.

Die einfachste Art der Landschaftsdarstellung besteht in der Beschreibung äußerer Bewegungen der Personen in der Natur; schwieriger sind die Ausblicke ästhetisch wiederzugeben, die eine Gegend einem Betrachter gewährt. Wir können dabei zwei Arten unterscheiden. Entweder soll die Fernsicht in dem Betrachter ein bestimmtes Gefühl auslösen, meist das der Ruhe und seelischen Befreiung, das wiederum bestimmte Gedanken zur Entwicklung bringt (z. B. G. H. IV, 278 f., M. S. 66 f.), oder aber es soll durch den Blick ins Land dem Leser ein orientierendes Bild des Lokals entworfen werden, auf dem sich die fernere Handlung abspielen wird. Keller liebt solche Uebersichten[1]; oft führt er sie gleich zu Anfang aus, oft im Verlauf der Handlung. Diese Ortsbeschreibungen bilden die eingehendsten, breitesten Landschaftsmotive seiner Werke und wurden von der Kritik nicht durchaus günstig aufgenommen[2], zum Teil mit Recht. Sie lenken den Leser oft zu sehr vom Rhythmus der eigentlichen Handlung ab und beeinträchtigen dadurch sein Lebensgefühl. Anderseits erleichtert die geordnete Uebersicht über das Terrain der Handlung das Miterleben, indem sie der Vorstellung eine gewisse Sicherheit und Ruhe gewährt. Es ergeht dem Leser wie einem Wanderer, dem das Studium der Landkarte Klarheit über seinen Gesichtskreis verschafft und die Marschlust erhöht.

Alle Werke Kellers zeigen solche Orientierungsbilder; für die Novellen der 'Leute von Seldwyla' bietet die eingehende Beschreibung des Städtleins gleich in der Einleitung den Ueberblick über ihr gemeinsames Lokal. In 'Dietegen' wird (II, 188) die Lage

[1]) R. M. Meyer 534.
[2]) Vgl. Brahm 139.

von Ruechenstein, im 'Verlorenen Lachen' eingehend die Besitzung der Familie Gloor (II, 268 f.) geschildert.

Auch zu Anfang der 'Züricher Novellen' (28 f.) führt uns Keller das den einzelnen Erzählungen gemeinsame Landschaftsgebiet, die nähere und fernere Umgebung Zürichs in den verschiedenen Aussichten vor, die sich dem Kantor Konrad von Mure auf dem Zürichberg eröffnen: das ungefüge Zickzack des urhelvetischen Gebirgslandes im Süden, das ruhige Tal der Limmat im Westen, gegen Norden waldige Gründe, gegen Osten flacheres Land; man vergleiche damit den Rundblick des grünen Heinrich (I. A. Bd. I, 10 f.).

Im 'Sinngedicht' (28 f.) verirrt sich Herr Reinhart in einem Netze von Holzwegen; nirgends kann er „einen Ueberblick gewinnen". Wie er weiter reitet, lichtet sich der Wald; er erblickt ein schönes Haus, von dessen Umgebung der Dichter ein anschauliches Bild entwirft. Hier spielt sich der Hauptteil der Rahmenerzählung ab.

In der zweiten Bearbeitung des 'Grünen Heinrich' erhalten wir lange keine größere Uebersicht über die Lage Zürichs; spät (II, 270) vernehmen wir von der „großartigen Landschaft, welche die Stadt umgibt"; und erst als Heinrich in die Fremde wandert, gehen ihm die Augen recht auf. Da erscheint ihm diese Heimat so neu und fremdartig, als ob er sie, statt sie zu verlassen, erst jetzt kennen zu lernen hätte (III, 126); er entdeckt in ihr ungewohnte Formen, Abstürze, Klüfte, hochliegende Gefilde und Ortschaften, von denen er früher keine Vorstellung hatte. — Andere Orientierungsbilder im 'Grünen Heinrich' schildern das Heimatdörfchen (I, 182. 196), die Umgebung von Annas Wohnstätte (I, 216 f.), die Lage des Grafenschlosses (IV, 137) und noch einmal, ganz allgemein, die Heimat (IV, 247), in die Heinrich zurückkehrt. Auch die Beschreibung Münchens gehört hierher, mit seinen Tempelmuseen, gotischen Türmen, Palästen, Säulenhallen, Denkmälern (G. H. III, 136).

Im 'Martin Salander' kommt den übrigen Werken gegenüber die Landschaft etwas zu kurz; die Handlung spielt zum Teil in der Stadt; doch orientiert sich auch hier, wie Reinhart im 'Sinngedicht', der heimkehrende Martin vor unsern Augen in der umgebauten Stadt (M. S. 5 f.).

Die höchsten Wirkungen erzielt Keller, wenn er die Landschaft beseelt und zu bestimmten innern Ereignissen in Parallele setzt. Solche natursymbolische Motive finden sich in seinen Werken, auch in den Gedichten, sehr häufig; sie verleihen ihnen, wie diejenigen Shakespeares dessen Dramen, einen eigenartigen und erquickenden Reiz und lassen sich nicht entbehren. (Vgl. S. 57.) Fast jeder einigermaßen bedeutende Handlungsvorgang ist bei Keller von einem dem Gefühlsgehalt entsprechenden Naturmotiv eingeführt oder begleitet. Im allgemeinen wird dieses, in sich abgeschlossen, stimmungsgetränkt, der Episode vorgesetzt, zuweilen mit einer gewissen künstlerischen Ironie, wie z. B. im 'Fähnlein' (Z. N. 273): „kurz das Landschaftliche war für die kommende Szene würdig vorbereitet".

Nicht in allen seinen Werken hat Keller diese Naturparallelen gleich zahlreich eingeflochten; die 'Züricher Novellen' und die später entstandenen Seldwylergeschichten sind dabei besonders bevorzugt, das 'Sinngedicht', 'Martin Salander' und der 'Grüne Heinrich' zeigen sie seltener.

In der 'Ursula' vermissen wir nach meiner Empfindung gegen den Schluß hin, wo das Mädchen den verwundeten Hansli Gyr sucht und findet (Z. N. 423), ein natursymbolisches Motiv, was von der „Unvollständigkeit" der Novelle herrühren mag, die Keller nicht mit der erforderlichen seelischen Muße vollendete, sondern vom Verleger gedrängt „urplötzlich" abschließen mußte[1]).

Eine Vorliebe besitzt Keller auch für eine andere Art von Natursymbolik; er zeigt uns seine Figuren gern in einem malerischen, landschaftlichen Milieu, das, an sich wenig bedeutend

[1]) Vgl. Köster-Storm S. 30 (25. Juni 1878).

und als selbständiges Motiv nicht abgeschlossen, oft zum Charakter einer Person in ausdrucksvoller Beziehung steht, ihn in anschaulicher Weise versinnbildlicht. (Vgl. „Situationsbilder", S. 54).

Zum Schluß seien jene eingehenden Landschaftsbilder erwähnt, die ohne inneren Zusammenhang als selbständige Schilderungen sich etwa bei Keller finden, und die fast nur durch ihre Naturfrische und erfreuende Anschaulichkeit wirken. Als Muster dürfte die Ausmalung der verwilderten Hofstatt des Marti gelten (L. v. S. I, 112 f.), weniger wohl das Frühlingsmotiv zu Beginn des achten Kapitels im II. Bande des 'Grünen Heinrich' (300) [1]. Es wird übrigens bei vielen Landschaften vom subjektiven Empfinden des Lesers abhangen, ob er ihnen reine Selbständigkeit zuerkennen will, oder ob er psychologische Beziehungen zur innern Handlung spürt.

Die Darstellung der Landschaft.

a. Stil.

Die poetische Darstellung der Landschaft ist wesentlich bedingt durch Kellers Stil. Er verlangt, daß der Stil eines Erzählers sinnlich und behaglich sei, N. Sch. 159 f. „Zu den ersten äußern Kennzeichen des wahren Epos gehört, daß wir alles Sinnliche, Sicht- und Greifbare in vollkommen gesättigter Empfindung mitgenießen, ohne zwischen der registrierten Schilderung und der Geschichte hin- und hergeschoben zu werden, d. h. daß die Erscheinung und das Geschehende in einander aufgehen. Ein Beispiel bei Gotthelf. Nirgends verliert er sich in die moderne Landschafts- und Naturschilderung mit den Düsseldorfer oder Adalbert Stifterschen Malermitteln (welche uns andern allen mehr oder weniger ankleben und welche wir über kurz oder lang wieder werden ablegen müssen)". Auch inbezug auf die Lyrik

---

[1] Vgl. SAITSCHIKS Essai S. 92.

erklärt er (B. II, 112): Ich will „mich sättigen an der Begeisterung und Phantasie, am technischen und musikalischen Genie des Verfassers und nicht immer hinweggetrieben werden, wenn eine interessante Situation kaum angegeben ist".

Es soll die pedantische, inbezug auf die Seelenvorgänge in den handelnden Personen bedeutungslose Schilderungsart Stifters vermieden werden, deren Einfluß auf Keller ich nicht erkenne, obschon gewisse Aehnlichkeiten vorhanden sind: die Freude an der Sonne, am Gegensatz zwischen Schatten und Licht, eine Art Vorliebe für seltsame Steine, für Felswände, auch für Stimmung, die aber bei Stifter weder ausschlaggebend noch symbolisch ist.

Es soll ein innerer Zusammenhang zwischen den Handlungsvorgängen und den begleitenden Naturmotiven fühlbar sein, der diesen Existenzberechtigung verleiht, sie nicht als lästig, als unorganisch erscheinen läßt, sondern vielmehr als notwendig und unentbehrlich.

Die Darstellung soll sättigen, behaglichen Genuß erregen, nicht gesuchten, unruhigen Effekt; glühendes Erfassen der Natur, ohne das für Kunst und Poesie kein Heil mehr bestehe (B. II, 109), soll sich in der dichterischen Behandlung ausdrücken und den Leser unmittelbar ergreifen. Unmittelbare Poesie nennt Keller sein dichterisches Wesen (B. III, 456). Diese Unmittelbarkeit der Wirkung beruht auf verschiedenen Eigenschaften, auf der künstlerischen Form des jeweiligen Motivs, auf der Art seiner sprachlichen Darstellung, auf der Bedeutung des Motivs inbezug auf die Handlung, auf seiner Stellung im Rhythmus der Erzählung. Es gibt da keine Zufälligkeiten, jeder Ausdruck hat seine Stellung, seinen Charakter und seinen Zweck, und ebenso jedes größere Motiv. Die scheinbar einfache Darstellungsweise ist sicher das Ergebnis feinster künstlerischer Abwägung und Berechnung, ganz besonders beim reifen Keller, dem Alt-Staatsschreiber und Novellisten. Im zweiten 'Grünen Heinrich' zeigt sich das Stilgefühl gegenüber der ersten Bearbeitung verfeinert. Beispielsweise äußert sich dies in vielen Vereinfachungen und Beschneidungen, die der abgeklärte Alte an den Auswüchsen seines ehemaligen Jugendtemperamentes vornahm. So kürzte er das Motiv bei Heinrichs Abschied von der Heimat (A. I, 10; B. III, 126); aus der Frühlingslandschaft A. II, 215 (B. II, 300), aus der Herbstnacht A. IV, 273 f. (B. IV, 129) wurden einzelne Glieder gestrichen. Von zwei adjektivischen Attributen in A wurde in B öfters das eine ausgemerzt [1]).

Im allgemeinen sind in diesem Roman, dem breitfließenden Stile gemäß, die Naturmotive viel umfangreicher, gemächlicher ausgeführt als in den Novellen.

b. Wahl der Motive und ihrer Bestandteile.

Die größeren Naturmotive, soweit sie nicht Orientierungsbilder sind, erscheinen bei Keller meist verbunden mit der Erscheinung einer Frauengestalt, seltener mit derjenigen eines Mannes, soweit nicht beide gemeinsam handeln, d. h. soweit nicht Liebesszenen vorbereitet oder dargestellt werden. Der Charakter der Motive wird bestimmt durch den Charakter der hervorgehobenen Vorgänge, der Umfang durch die Bedeutung dieser Vorgänge. — Es sollen hier nicht alle einzelnen Motive analysiert oder auch nur aufgezählt werden; die Schwierigkeiten wären zu groß, besonders weil ein eigentliches Schema der Darstellung nicht im geringsten angeordnet werden könnte, da Keller jedes Motiv nicht einseitig nach irgend einer Manier, sondern aus der Situation heraus schafft. Es sollen nur die eigentümlichsten Züge, die mehr oder weniger allen entwickelteren Motiven gemein sind, erwähnt werden.

Die Landschaftsbilder Kellers zeigen nicht einen naturalistischen, eher eine Art ideal-realistischen Charakter; nur besonders wirksame Motive werden gewählt und daraus nur besonders wirksame Züge, je nach der Situation; Keller sucht,

---

[1]) Ermatinger weist auf das Nachlassen von Kellers Sinnenfreude in der zweiten Bearbeitung des 'Grünen Heinrich' hin.

nach dem 'Grünen Heinrich' (III, 14) einer Lehre Goethes nacheifernd, nur das Wesentliche, aber dieses mit Fülle, mit lebhafter Anschaulichkeit darzustellen. „Wie es mir scheint, geht alles richtige Bestreben auf Vereinfachung, Zurückführung und Vereinigung des scheinbar Getrennten und Verschiedenen auf Einen Lebensgrund, und in diesem Bestreben das Notwendige und Einfache mit Kraft und Fülle und in seinem ganzen Wesen darzustellen, ist Kunst; darum unterscheiden sich die Künstler nur dadurch von den anderen Menschen, daß sie das Wesentliche gleich sehen und es mit Fülle darzustellen wissen, während die anderen dies wieder erkennen müssen und darüber erstaunen".

Im allgemeinen geht Keller nicht auf formale Naturtreue aus, wie etwa ein „Naturalist"; er beschreibt die einzelnen Formen der Landschaftselemente nicht, deutet sie vielmehr nur ziemlich allgemein an und überläßt es dem Leser, sich allenfalls genauere Vorstellungen aus eigener Phantasie zu machen. Der Hintergrund wird z. B. von zackigen Firnen oder von sanft gewellten Hügeln gebildet; das Mittelstück besteht aus einem freundlichen Tal, durch das sich ein schimmernder Fluß schlängelt; vielleicht liegen Dörfer mit Kirchen darin. Wie wir uns aber die nähere Zusammenstellung und Lage dieser Dörfer in bezug auf Kirche, Fluß, Tal vorzustellen haben, in welcher Linie das Tal sich erstreckt, wie es abgeschlossen wird oder ausläuft, das verschweigt der Dichter als unwesentlich. Denn nicht auf Formkopie einer Landschaft hat er es abgesehen, sondern auf die Darstellung ihrer Stimmung, meist einer einfachen, beruhigenden Stimmung. Dieses harmonische Zusammenklingen von Natur und Menschenseele ist für ihn nur fühlbar bei einem einheitlichen Gesamteindruck, und dieser wieder ergibt sich erstens durch eine allgemeine Uebersicht über die verschiedenen Formelemente der Landschaft, die sich unsere Phantasie meist ohne weiteres schafft, wenn sie nicht durch zu viele und zu bestimmte Vorstellungssuggestionen des Dichters daran gehindert wird, und zweitens durch die alle Formen umschleiernde und zusammenfassende Hülle der Luft.

Um unsere Phantasie nicht an der Konstruktion des Gesamtbildes zu hindern, bietet ihr Keller nur wenige einzelne Formvorstellungen, die sie ohne Mühe zu einer allgemeinen Anschauung vereinigen kann, was z. B. mit Hintergrund und Mittelstück — zerfließenden Höhenzügen und Tallandschaft — leicht möglich ist. Um sie anzuregen, wählt er, das ist seine besondere Kunst, möglichst lebendige, bedeutungsvolle Bildvorstellungen. Die Darstellung einer weiten, komplizierten Landschaft ist dabei allgemeiner gehalten als der Blick in ein abgeschlossenes Tal, das in seinen einzelnen Bestandteilen leichter zu übersehen ist, leichter auch als Ganzes, als Einheit vorgestellt werden kann, wegen der einheitlichen Form. Man vergleiche beispielsweise die oberflächlich angedeutete Rundsicht der Ritter von der Schnabelburg (Z. N. 80) mit der Schilderung von Annas Wohnstätte (G. H. I, 216 f.): dort eine flüchtige Skizze, weil eine detaillierte Gebietsbeschreibung verworren und unpoetisch wäre, die Phantasie in ihrer Freiheit beschränkte und dadurch die jedes Druckes ledige Stimmung der Ritter nicht ausdrückte, hier eine genaue Ausführung der gemütlichen Lage und Umgebung des geliebten Hauses, eine Beschreibung, die nur durch genaue Vorstellung als einheitliches Bild „geschaut" werden kann. Man vergleiche ferner die verschiedenen Ansichten Konrads von Mure (Z. N. 28 f.), die je nach der Uebersichtlichkeit der Bodenform allgemeiner oder eingehender dargestellt sind. Besonders malerisch und stimmungsvoll wirkt, weshalb der Dichter es ausdrücklich hervorgehoben hat, „in seiner maßvollen Einfachheit" „das ruhige Tal der Limmat". Die einer übersichtlichen Anschauung sehr günstige Talform wird von Keller mit Vorliebe verwendet. Uebersichtlichkeit, sei es im Hintereinander, wie in der variierenden Landschaft bei Schiffahrern, sei es im Nebeneinander, bei ruhenden Betrachtern, ist ein wesentliches Element der größeren poetischen, stimmungsvollen Landschaftsmotive; an ihr hatten es die älteren Schilderer, wie Brockes, E. v. Kleist, Haller, zu ihrem Nachteil fehlen lassen, während kunstverständigere Dichter, wie Goethe und Mörike, sie zu schätzen und zu verwerten wußten.

Verwende nun Keller ein Talmotiv oder eine andere Geländeform, fast immer finden wir als belebendes Element irgend ein Gewässer hineingemalt, einen See oder einen Fluß. Nach Berlepsch (91) war diese Vorliebe auch dem Maler Keller eigen, der seinem 'Blick vom Zürichberg'[1]) gegen das Natur-Vorbild einen „Tümpel" einverleibte; denn „ein Wässerlein gehörte nun in Gottesnamen einmal dazu". Eigentümlich ist und wohl auf einem Mangel in seiner heimatlichen Umgebung beruhend, daß Keller keine größeren Wasserfälle[2]) verwendet; den Schaffhauser Fall kannte er freilich jedenfalls.

Zur Erweckung einer Stimmung dient nicht Uebersichtlichkeit des Geländes allein, sondern hauptsächlich und allerorts die Erzeugung einer einheitlichen Anschauung dieser Uebersicht. Dieses Gefühl der Einheit schafft die alle Formen umschleiernde, alle Einzelheiten ins Gesamtbild auflösende Hülle von Licht und Luft. Nie läßt Keller die Beleuchtung der Natur unerwähnt. Wie Goethe, eine allgemeine Wahrnehmung wiederholend, im 'Wilhelm Meister' (IX, S. 69, Z. 28) eine Gegend „reizender, ja allein reizend" findet, wenn sie von der Sonne beschienen wird, so erklärt auch Keller in einer grüblerischen Gebirgsbetrachtung (N. Sch. 40): „Zwar muß uns dies Bischen Morgen- und Abendlicht erst unsern gewaltigen formenreichen Schorf bestreifen und beleuchten, ehe wir unsere komplizierte Aesthetik daran wetzen können". Wie ein Maler verwendet er die Belichtung in seinen Landschaftbildern; er wünscht des Lichtes wegen sogar wie ein Maler zu wohnen: „Wenn ich die Wahl hätte, so würde ich nur Nordlicht in meinem Arbeitszimmer haben, wie die Maler, so daß aller Glanz, Licht und Wechsel der Naturstimmung draußen liegt zur gefälli-

[1]) Reproduziert bei Stössl S. 26.

[2]) Vgl. M. S. 62.

gen Einsicht vom ruhigen Schattensitze aus"; philiströse Naturen wollten stets die Sonne im Zimmer haben[1]).

Die Verwendung des Lichtes ist außerordentlich mannigfaltig, besonders die des Sonnenscheines. Die Sonne als solche, die für den Maler schwer darstellbar ist, wird auch von Keller nicht zu schildern versucht. Es sind einzelne ihrer Strahlen oder es ist der Glanz des blauen Aethers, der Widerschein der Wolken, des Wassers, der Luft, in denen die Sonne ästhetisch zur Geltung kommt.

In ausgeführteren Landschaftbildern liebt es Keller sehr, Luft und Licht, direktes oder reflektiertes, miteinander zu verweben, ein Motiv, das vereinzelt schon zur Zeit der Minnesänger verwendet[2]), bei modernen Dichtern und Malern wohlbekannt ist. Schon in den zwitterhaften Skizzenbüchern (B. I, 79) spricht der Kunstjünger von einer Abendlandschaft, auf der „violette Dämmerung" ruhte. Der Dichter hat die Wahrnehmungen des Malers poetisch wohl benützt; besonders die Uebergangszeiten zwischen Tag und Nacht, die Morgen- und Abenddämmerung, bieten schöne Phänomene. Aufs feinste beobachtet und veranschaulicht ist z. B. im 'Landvogt von Greifensee' (Z. N. 254) das Herannahen des Abends, der „alles mit seinem milden Goldscheine zu umfloren begann", während „alles Blaue tiefer wurde", oder der Morgen der Hochzeit der armen Baronin im 'Sinngedicht' (173): Es kam „der große Festtag heran, von der goldig mildesten Oktobersonne geleitet, welche einen Duftschleier nach dem andern von der Erde hob und zerfließen ließ, bis alles Gelände mit Bäumen und Hügeln in warmem Farbenschmucke erglänzte".

Diese Hülle sonnenbeglänzter Luft erzeugt den Eindruck der

---

[1]) Briefe an Storm vom 21. IX. 1883 und vom 16. VIII. 1881 (KÖSTER S. 181 u. 120).

[2]) Vgl. E. HAAKHS Zitat (S. 71) aus Burkhart von Hohenfels:
dô der luft mit sunnen viure
wart getempert und gemischet.

Einheit und gibt der Stimmung ihren besonderen Charakter[1]), hauptsächlich denjenigen des Feierlichen, das Keller liebt. Es sei nochmals auf die Rundsicht des Kantors (Z. N. 28) verwiesen, in der Keller das urhelvetische Gebirgsland als eine wilde Welt bezeichnet, „die nur durch das Blau der Sommerluft und den Glanz von Schnee und See einigermaßen zusammengehalten war". Der Stimmungscharakter ist je nach der Beleuchtung ein verschiedener, bald morgenfrisch, bald abendlich melancholisch. Besonders für letzteres Motiv zeigt Keller eine ausgesprochene Vorliebe, und er wird auch sein eigenes Wesen ausgedrückt haben in der Szene, in der er (Z. N. 153) Salomon Landolt[2]) seine romantische Einladung aussinnen läßt: „Auf den Torfmooren webte schon die Dämmerung; zur Rechten begann die Abendröte über den Bergrücken zu verglühen, und zur Linken stieg der abnehmende Mond hinter den Gebirgszügen des zürcherischen Oberlandes herauf — eine Stimmung und Lage, in welcher der Landvogt erst recht aufzuleben, ganz Auge zu werden und nur dem stillen Walten der Natur zu lauschen pflegte".

Gelegentlich ersetzt dieses schimmernde Luftgewebe ein eigentliches Landschaftsmotiv, so in den 'Mißbrauchten Liebesbriefen' (L. v. S. II, 173): „Frau Aennchen ging also wohlgemut durch das Frühlingsland und badete unternehmungslustig ihre Gestalt in der glänzenden Luft".

Für die Mittagslandschaft ist das Verweben von Luft und Licht weniger charakteristisch; die Natur zeigt hier keine zarten Duftschleier, sondern intensive, grelle Belichtung und starke Schatten. Solche Motive finden sich bei Keller nicht eben häufig, aber auch aufs anschaulichste verwendet; es ist für diesen Dichter überhaupt eigentümlich, daß er bei seiner Vorliebe für Dämme-

---

[1]) Vgl. L. v. S. I, 140: „die Höhen und Wälder waren mit einem zarten Duftgewebe bekleidet, welches die Gegend geheimnisvoller und feierlicher machte."

[2]) Vgl. Nussberger S. 185.

rungserscheinungen doch alle Launen und Gesichter der Natur mit gleicher Sinnlichkeit darzustellen weiß, daß er schon von Jugend auf die Landschaft bei jeder Tageszeit und Witterung beobachtete. Ein Mittagsmotiv finden wir im 'Sinngedicht' (S. 169): „Zwischen zwei ausgedehnten, gelben Ackerflächen zog sich ein schmaler Forst alter Eichen, deren Schatten das blendende Licht der Felder und der Sommerwolken kräftig unterbrach". Es ist interessant, daß schon die Skizzenbücher des Jünglings einen diesem Landschaftsbild sehr ähnlichen Entwurf enthalten, den Bächtold (I, 80) wiedergibt (vergl. oben S. 3).

Nicht weniger fein, doch weniger häufig wird der Mond als Lichtspender verwendet, dessen milder Glanz, das Dunkel der Nacht nur sanfter erhellend, den Eindruck einzelner Formen dämpft und ebenfalls Geschlossenheit, Einheit in der Landschaft erzeugt. Man beachte z. B. ein durchaus mit Maleraugen gesehenes Motiv der Züricher Novellen (373): „Es war ein ganz herrlicher Abend; ein lauer Südwind kräuselte leicht das Wasser, der Vollmond erleuchtete dessen ferne Flächen und blitzte hell auf den kleinen Wellen in der Nähe, und am Himmel standen die Sterne in glänzend klaren Bildern; die Schneeberge aber schauten wie bleiche Schatten in den See herunter, fast mehr geahnt als gesehen; der industriöse Schnickschnack, das Kleinliche und Unruhige der Bauart hingegen verschwand in der Dunkelheit und wurde durch das Mondlicht in größere, ruhigere Massen gebracht."

Auch der Gegensatz von Mondschein und Schatten, entsprechend der oben erwähnten Mittagslandschaft, findet sich ausgedrückt, z. B. im 'Sinngedicht', S. 264: Maria „stand abseits unter einer Gruppe hoher Palmbäume, an einen der Stämme geschmiegt, und blickte unverwandt nach Westen, wo die Sichel des untergehenden Mondes über dem Meere glänzte, und zwar so stark, daß die Palmen ihren Schatten warfen".

Lokalform, Uebersichtlichkeit, Licht, Luft, Stimmung sind wichtige Elemente auch der Landschaftsmalerei. Keller zeigt, wie förderlich für einen Dichter Kenntnisse in dieser Kunst sind, welche Erfolge ihre Verwendung in der Poesie erlangen kann. Aber nicht immer begnügte er sich damit, im Leser bloß den malerischen Eindruck einer Landschaft zu erzeugen, der an sich schon, durch seinen Gefühlsgehalt, poetisch wirken kann; auch in den allgemeineren, größeren Motiven sucht er oft — durch Suggestion von Gehörseindrücken — unser stärkstes Lebensgefühl, das Gegenwartsgefühl in Vibration zu versetzen; er belebt die Landschaft nicht bloß durch Luft, Licht, Wasser, Wolken, sondern auch durch Töne [1]. Wie Eichendorff, läßt er mit Vorliebe Glocken erschallen, deren harmonischer Klang, mit dem Sonnenglanz der Luft verfließend, die weite Landschaft feierlich durchströmt und die Seele des Menschen mit Wehmut und frommer Sehnsucht erfüllt. Am ergreifendsten wirkt dieses Motiv im 'Verlorenen Lachen' (L. v. S. II, 366 f.): Justine wandelt ihrem wiedergewonnenen Gatten entgegen. „Die Erde war überall, wo man hinsah, mit Blumen bedeckt, von den eben verblühenden Bäumen wehten die Blüten hinweg, wenn ein Lufthauch sich erhob. Jetzt begannen die Kirchenglocken in der Nähe und in der Ferne zu läuten, rings um den langhin gedehnten See, in den weißschimmernden Ortschaften; die tiefen vollen Töne der mächtigen Glocken flossen zusammen und erfüllten weit und breit die Luft wie ein unendliches Klangmeer, welches an das klopfende Herz Justines hinanschwoll und es in seine Tiefe zurückzuziehen drohte". — Der grüne Heinrich erklärt (II, 360), wenn er an einem Pfingstmorgen auf einem Berge stehe in der kristallklaren Luft, so sei ihm das Glockengeläute in der fernen Tiefe die allerschönste Musik, die ihn mit ihrem sehnsüchtigen Reiz wehmütig ergreife. Gern werden wir auf die dem Verklingen der Glocken folgende „wohlige Stille" aufmerksam gemacht, z. B. M. S. 272.

Schwächer wirken andere Motive, die Keller gelegentlich

[1]) Auf die Bedeutung der Tonsymbolik in Kellers Jugendgedichten hat MEINTEL hingewiesen, S. 67.

mehr andeutet als ausführt: Musik (Z. N. 254), Liederklang (L. v. S. II, 261), frohe Jauchzer (G. H. II, 402), Jagdlärm (G. H. IV, 130), Schellengeklingel (L. v. S. II, 39) etc. Sie dienen, ihrem Charakter entsprechend, fast nie dazu, uns besondere Seelenstimmungen zu suggerieren, sondern beleben ganz allgemein, können aber zuweilen auch sehr feierlich wirken, z. B. in dem Seeausflug Salomon Landolts (Z. N. 254): „Mit den einfachen Weisen der Waldhornisten wechselten die Lieder der Frauen ab, welche jetzt herzlich und freudefromm bewußt waren, daß sie dem still das Steuer führenden Landvogte gefielen und sein ruhiges Glück mitgenossen. Musik und Gesang der Frauen ließ ein leises Echo aus den Wäldern des Zürichberges zuweilen widerhallen, und das große, blendendweiße Glarner Gebirge spiegelte sich in der luftstillen Wasserfläche. Als der herannahende Abend alles mit seinem milden Goldscheine zu überfloren begann und alles Blaue tiefer wurde, lenkte der Landvogt das Schiff wieder dem Schlosse zu und legte unter vollem Liederklange bei, so daß die Frauen noch singend ans Ufer sprangen.“

Es fällt auf, daß bei all diesen Motiven, der belebteren Landschaft entsprechend, die handelnden Personen sich in Bewegung befinden, daß die belebte Landschaft hier weniger ein betrachtetes Bild als das Milieu für äußere Vorgänge darstellt, daß der Charakter der verschiedenen Klänge nicht so anschaulich zur Geltung kommt, wie derjenige der Gesichtsobjekte.

Mit zunehmender Belebung läßt die Feinheit der Stimmung meist nach. Wie überall, veranschaulicht Keller auch hier nur das Wesen der Natur und ihr Erlebnis durch den Menschen.

Mit außerordentlicher Vorliebe bringt Keller die tiefe Ruhe und Stille der leblosen materiellen Landschaft in Gegensatz zu einem einzelnen fernen oder nahen Geräusch; er erregt dadurch eine ganz besondere Welteinsamkeitsstimmung, leise Melancholie und feines Gegenwartsgefühl. Belege finden sich in Menge; es seien nur zwei ausgewählt. G. H. I, 162: „Es ruhte eine düstere und doch weiche Stimmung auf der Landschaft; das Schießen und Trommeln aus der Ferne hob noch die tiefe Stille der unmittelbaren Nähe, ich stand still und lehnte mich ausruhend auf das Gewehr, indem ich einer halb weinerlichen, halb trotzigen Laune anheimfiel". L. v. S. I, 141: Glockengeläute durchbricht die feiertägliche Ruhe der Landschaft, die Vrenchen und Sali durchwandern. „Jeder in der Sonntagsstille verhallende Ton oder ferne Ruf klang ihnen erschütternd durch die Seele; denn die Liebe ist eine Glocke, welche das Entlegenste und Gleichgültigste wiedertönen läßt und in eine besondere Musik verwandelt".

Diese Beispiele erklären mehr als daß sie veranschaulichen. Alle diese Motive wirken nur aus der Situation heraus; sie verlangen intensives Mitleben mit der Erzählung des Dichters, willige Aufnahme der Suggestion, Stimmungserinnerung an eigene Naturerlebnisse.

Eine eigenartige Erscheinung wird in 'Romeo und Julia' (L. v. S. I, 161 f.) dargestellt. Sali und Vrenchen sind in heftigster Erregung hinter ihrem spukhaften Hochzeitsgeleite zurückgeblieben; die Nacht hüllt sie ein. „Die Stille der Welt sang und musizierte ihnen durch die Seelen, man hörte nur den Fluß unten sacht und lieblich rauschen im langsamen Ziehen. 'Wie schön ist es da ringsherum! Hörst du nicht etwas tönen, wie ein schöner Gesang und ein Geläute!' 'Es ist das Wasser, das rauscht. Sonst ist alles still'. 'Nein, es ist noch etwas anderes, hier, dort hinaus, überall tönt's'. 'Ich glaube, wir hören unser eigenes Blut in unseren Ohren rauschen'. Sie horchten ein Weilchen auf diese eingebildeten oder wirklichen Töne, welche von der großen Stille herrührten oder welche sie mit den magischen Wirkungen des Mondlichts verwechselten." — In diesem Falle wird der Eindruck der Stille mehr durch die Nacht als durch die reine Landschaft verstärkt, und das Geisterhafte der Erscheinungen darf hauptsächlich dem Einfluß der Nacht und des Mondes zugeschrieben werden.

Ganz still und tot erscheint die Landschaft eigentlich nirgends. Der grüne Heinrich äußert sich einmal (I, 142): Die Natur ist „in ihrer Stille uns manchmal noch zu gewaltig; wo kein rauschendes Wasser ist und gar keine Wolken ziehen, da macht man gern ein Feuer, um sie zur Bewegung zu reizen und sie nur ein bischen atmen zu sehen". Wunderbar, ja unheimlich wirkt die unendliche Ruhe, besonders zur Nachtzeit. Heinrich glaubt (III, 77) durch die Stille der Nacht hindurch das Rauschen der Ewigkeit zu hören; ein andermal (I, 245) scheint ihm die Stille in ein geisterhaftes Getöse überzugehen.

Wie meist in der Malerei, wiegt bei Keller die Darstellung der belebten Landschaft durchaus vor. Der Dichter besitzt dabei Vorteile vor dem Maler, indem ihm mehr Mittel zur Verfügung stehen, die Suggestion des Belebtseins zu erregen. Keller macht von ihnen reichlich Gebrauch; gerade durch sie erweckt er das Gefühl des wirklichen Geschehens, die Erdenfrische. Bei den ausgeführten Landschaftsbildern, den geschauten „Gemälden" und Ortsübersichten, ist dies weniger der Fall; der Dichter beschränkt sich darin hauptsächlich auf die Mittel des Malers. Wenn es ihm aber daran gelegen ist, nicht eine bestimmte Bildvorstellung zu erwecken, sondern allgemein das Naturgefühl des Lesers zu verstärken, ihn die Natur in ihrer Frische und Mannigfaltigkeit erleben zu lassen, so weiß er nicht nur auf das Auge zu wirken, sondern er reizt dann, wie etwa Eichendorff [1]), alle äußern und innern Sinne an.

Was bis jetzt über Landschaftsbestandteile gesagt wurde, bezog sich entweder auf größere Motive, auf Bildausschnitte der Natur oder doch auf die Darstellung der weiten freien Natur in irgend einem einzelnen, für die augenblicklichen Handlungsvorgänge gerade bedeutsamen Zug. Oft wird mehr Gewicht auf die Form des Lokals, in den meisten Fällen jedoch auf irgend einen

[1]) Vgl. z. T. HELENE STIGELER, Die stofflichen Elemente der Lyrik des Freiherrn Joseph von Eichendorff, Diss. Bern 1910.

einzelnen stimmungerzeugenden Reiz gelegt. Dabei muß — bei wiederholter Verwendung desselben örtlichen wie zeitlichen Motivs — neben der symbolischen Bedeutung das Gesetz der Variation berücksichtigt werden. So wird z. B. in 'Romeo und Julia' erst die Bodenform der Aecker übersichtlich und anschaulich dargestellt (L. v. S. I, 77); später (S. 115) darf der Dichter sie als bekannt voraussetzen; er erwähnt deshalb bloß den Stimmungszauber ihrer einzelnen Bestandteile, der Anhöhe, des Kornfeldes, des Flusses, ohne Rücksicht auf ihre Lage. Von den vielen Frühlingsmotiven in Kellers Prosa gleicht kein einziges genauer einem andern.

Schon in der Darstellung freier Landschaftsbilder äußert sich die viel mehr lyrische als epische Gefühlsart Kellers; sie zeigt sich besonders deutlich in den zahlreichen Motiven von begrenzter Form und idyllischem Charakter; auch sie reizen durch Stimmung, durch die Art des Lokals, der Belichtung, der Belebung. Sie zeigen als Milieu ein abgeschlossenes, heimliches, lauschiges Stück Land, auf dem sich die handelnden Personen bewegen oder ruhend erholen, besonders gern einen Waldpfad oder eine Waldlichtung. Der Boden ist mit tausend Blumen heiter geschmückt, oft von Bäumen beschattet, durch deren Laub die Sonnenstrahlen spielen; ein Brünnlein oder Bächlein erfrischt die Luft und belebt die Stille mit traulichem Geplätscher.

Hadlaub wandert (Z. N. 66) in eine von steilen Halden umgebene Wildnis; „dort floß das Wasser um eine kleine Au, die von Buchenbäumen dicht besetzt war, wie Kristall so klar, herum, und alle Blumen, die je in einem Minnelied gemeint werden können, blühten unter den Bäumen und am Wasser".

Pankraz träumt (L. v. S. I, 72) von Lydia in einer Schlucht, auf deren Grund ein kühler Bach fließt mit Ufern voll Oleandergebüsch. „Nichts war schöner zu sehen als das frische Grün dieser Sträucher und ihre tausendfältigen, rosenroten Blüten und zu unterst das fließende klare Wässerlein".

Für den grünen Heinrich ist es das größte Glück, an einem klaren Spiegelwässerchen unter dichtem Blätterdache sich wohnlich einzurichten und an die Geliebte zu denken (II, 329)[1]).

Zuweilen fehlt ein Element, die Blumen, die Bäume oder das Gewässer, je nach der Situation. Z. B. Wilhelm und Gritli ruhen auf einer kleinen Lichtung, „die von hohen Föhren eingeschlossen war, deren Kronen sich in einander bauten. Unter den Föhren lagen große rötliche Steine über einander . . . und rings herum war der Platz von den weißen Sternen der Anemonen bedeckt" (L. v. S. II, 183).

Der Blumenschmuck ist besonders beliebt. Eine zahllose Menge von Mohnblumen oder Klatschrosen bedecken den Steinhaufen, auf dem Sali und Vrenchen spielen (L. v. S. I, 116). Der Boden um den Markstein, auf den Dietegen sich mit der geretteten Küngold niederläßt (L. v. S. II. 257), ist mit Maßliebchen und andern frühen Blumen besät u. v. a.

Blumen beleben und erheitern das Gemüt; gleichartig wirkt die Sonne, die oft mit ihnen gemeinsam, oft allein freundliche Stimmung erweckt, wenn sie mit ihren Strahlen die Menschen umspielt. Während sie in den freieren Motiven besonders durch die Verschmelzung ihres Lichtes und Glanzes mit der Luft, durch einen die Landschaftsformen umhüllenden zarten Duft und Flor reizend wirkt, kommt sie bei diesen idyllischen Situationen bald in tausend einzelnen spielenden Strahlen, bald in einer wundersamen Reflexion und Mischung mit dem helldunklen Grün lauschiger Baumgruppen zu stimmungsreichster Geltung. Gegensatz und Vereinigung von Licht und Schatten sind außerordentlich fein und frisch, mit den Augen eines farbendurstigen Impressionisten

---

[1]) Vergleiche damit Verse Goethes in einem Brief an Riese (28. April 1766):

> Es ist mein einziges Vergnügen,
> Wenn ich entfernt von jedermann,
> Am Bache, bey den Büschen liegen,
> An meine Lieben denken kann.

erschaut und empfunden. Im 'Landvogt von Greifensee' tanzen die rundlichen Lichter der Sonne, durch das ausgezackte Ahornlaub einfallend, nach dem leisen Takte des Lufthauches in den Zweigen, Figuren wie eine sanfte, feierliche Menuett, zur Erbauung des Herrn Salomon Geßner (Z. N. 185). — Fides erscheint Hadlaub (Z. N. 69) „umspielt von dem goldenen Abendlichte; das durch die grüne Dämmerung des Waldpfades webte", ähnlich wie Lucie Herrn Reinhart (S. G. 30) an der Fontäne, „über welche die Platanen mit ihren saftgrünen Laubmassen ihr durchsichtiges und doch kräftiges Helldunkel herniedersenkten". Sehr anschaulich und malerisch belebt Keller dieses heimliche Dunkel durch seine stets farbenfrisch gekleideten weiblichen Figuren, z. B. G. H. I, 216: „Die roten, blauen und weißen Gewänder der Mädchen leuchteten herrlich in dem dunkeln Grün", M. S. 260: Myrrha, „die im grünen Halbdunkel weiß leuchtende Gestalt".

Auch in den mehr idyllischen Motiven weiß Keller in unserem Gemüt ganz besonders Stimmung zu erwecken, wenn er in unserer Phantasie bestimmte Eindrücke der Gehörempfindung wachruft, wenn ein Brünnlein [1]) in der tiefen Stille plätschert, wenn die silberne Nacht in den Waldbäumen flüstert (L. v. S. II, 205), der Wind leise in den Kronen rauscht (S. G. 335), ein Kuckuck plötzlich ruft und wieder schweigt (L. v. S. II, 184), Insekten summen (G. H. I, 187), Vögel ohrbetäubend zwitschern [2]) usw.

Wie die Wundermacht der Sonne, des Mondes, kennt er die Geheimnisse von Wald und Feld, alle die Zaubermittel der Natur, mit denen sie unser zartestes Lebensgefühl erschauern oder übersprudeln macht, und er weiß sie wirksam zu verwenden, wo sie ihm und wie sie ihm eindrucksvoll erscheinen, einzeln oder mehrere zusammen, hier fein und friedlich, dort voll hinreißender Kraft. Bald will er beruhigen, durch das andauernde, monotone Geplätscher des Brünnleins, bald erregen, durch den plötzlichen

---

[1]) Z. N. 391; G. H. I, 34; S. G. 131; L. v. S. II, 81. 205; M. S. 110.

[2]) Z. N. 69; S. G. 339.

Ruf des Kuckucks, das Gelärm der Vögel. Hier wirkt der Gegensatz von Licht und Schatten, von Stille und Getön (sehr fein besonders L. v. S. II, 257), dort der alles vergoldende Schein der Sonne, das alles umwebende Rauschen des Windes. Stets haben wir in der Milieudarstellung — und darauf kommt es schließlich an — das Gefühl, uns in der freien, frischen Natur zu bewegen, nicht bloß etwas zu sehen.

c. Anschauungsgehalt der Sprache[1]).

Die Natur kann in der Dichtung nur Reiz für uns besitzen, wenn wir sie nicht bloß vorstellungsmäßig erfassen, sondern wenn wir sie durch Veranschaulichung erleben. Der Dichter ermöglicht uns dies großenteils durch die Wahl seiner Wörter, durch deren Empfindungsgehalt. Dieser zeigt bei Keller eine außerordentlich lebensfrische Sinnlichkeit. Schon Otto Brahm (143) machte vor langen Jahren darauf aufmerksam und schlug vor, diese Sprache systematisch zu untersuchen; aber obschon jeder Leser Kellers sich an ihr erfreut und über sie staunt, wurde diese Arbeit meines Wissens noch nicht geleistet; sie möchte nicht leicht sein.

Die Unmittelbarkeit und Frische des Erlebens in Kellers Erzählung beruht darin, daß er weniger über den Reiz der Erscheinungen, z. B. über die Landschaft, theoretisierend redet, als daß er darauf ausgeht, im Leser dieselben Stimmungen zu erzeugen, die sich in ihm auslösen. Er verfährt wie ein anderer großer Naturdarsteller, wie Lenau, gleichsam dessen Rat folgend: „Der Dichter soll lieber eine Eigenschaft des Alls anführen, wodurch dasselbe reizend ist, als daß er es reizend nennt. Wer den Reiz nennt, empfindet ihn nicht mehr, er denkt ihn". Lenau hat Keller zeitweise beeinflußt (nach Köster). Wir finden allerdings bei Keller nicht selten Ausdrücke wie schön, reizend, herrlich, prachtvoll, wunderbar, großartig, die uns keine äußere sinnliche Vorstellung erwecken, sondern einfach durch die Begeisterung,

[1]) Man vergleiche besonders Th. A. Meyer, Das Stilgesetz der Poesie.

die sich in ihnen kundgibt, auf uns wirken sollen. Es sind Akkorde, auf die meist eine deutlichere Veranschaulichung folgt, sei es direkt durch ein einfaches Substantiv (z. B. Wildnis, Herbstmorgenlandschaft), sei es nachträglich durch ein ausgeführteres, bestimmteres Bild, je nach dem Bedürfnis der Situation, des Gefühlsrhythmus etc. Nicht immer, aber häufig vereinigt Keller zwei wesentliche Eigenschaften der Veranschaulichung, bald durch ein einziges Wort, bald durch mehr Worte, einen Zug, ein Motiv, das mehr der Vorstellung, und einen Zug, ein Motiv, das mehr dem Stimmungsreiz, dem Lebensgefühl dient. Ein Beispiel aus 'Romeo und Julia' erläutere dies (L. v. S. I, 115): „Sali ging auch alsobald auf die *stille schöne Anhöhe* hinaus, über welche die zwei Aecker sich erstreckten, und die *prächtige stille Julisonne,* die *fahrenden weißen Wolken,* welche über das *reifende wallende Kornfeld* wegzogen, der *glänzende blaue Fluß,* der unten *vorüberwallte,* alles dies erfüllte ihn . . . mit Glück und Zufriedenheit". Die Lokalform kennt der Leser bereits aus dem Einleitungsmotiv; es handelt sich hier im wesentlichen um den Ausdruck hoher Naturschönheit. Die Worte Anhöhe, Julisonne, weiße Wolken, reifendes Kornfeld, blauer Fluß enthalten in sich wohl einen allgemeinen, aber keinen besonderen und intensiven Stimmungsgehalt, sie dienen hauptsächlich der Vorstellung; der eigentliche Reiz des Lebensgefühls wird durch die übrigen Adjektive ausgedrückt. Solche Zusammenstellungen finden sich überaus häufig; der Empfindungsgehalt des reizenden, auf das Gefühl wirkenden Adjektivs wird bestimmt durch die jeweilige Situation; die sinnliche Vorstellung, die körperliche Erscheinungsform bleibt dieselbe. Die Stimmung im zitierten Motiv ist feierlich; ändern wir die reizenden Adjektive, so wechselt die Stimmung. Sie wird z. B. unruhig, aufregend, wenn wir setzen: die luftige grüne Anhöhe, die blitzende Julisonne, die jagenden weißen Wolken, das reifende flüsternde Kornfeld, der rauschende blaue Fluß, der unten vorübereilte.

Besonders reizend und auf das Gefühl wirkend sind die Verba, die irgend eine Bewegung, ein Leben im Beziehungswort ausdrücken (schimmern, leuchten, dunkeln, funkeln) oder Lebensbezeichnungen beseelend auf die tote Natur übertragen (z. B. sich schlängelnde Wege). Zuweilen schafft sich Keller neue Wörter, wo ihm kein alter Sprachgebrauch zur Verfügung steht, z. B. G. H. III, 38 „der erblauende See“, sofern er dieses bedeutungsvolle Wort nicht etwa von einem Vorbild übernommen hat.

Auf diese Weise gelingt es Keller, wie manchem älteren Lyriker, z. B. Goethe, die Naturmotive zu beseelen und sie dem Leser suggestiv zu Erlebnissen zu machen; denn nur Lebendes belebt.

Es wird vielleicht, da Keller malte, nach der Bedeutung der Farben in seiner Landschaftsdarstellung gefragt. Nach meinem Eindruck besitzt die Kolorierung eine weniger große Bedeutung als sich erwarten ließe. Nirgends empfindet man allzureiche und störende Verwendung, nirgends Gesuchtheit, Effekthascherei, doch ebensowenig Plattheiten. Im allgemeinen hat jede Farbangabe ihre Bedeutung: sie soll im Leser einen bestimmten Eindruck erwecken; wo ein solcher, weil überflüssig, stilwidrig wirken könnte, wird er vermieden. Auch auf diesem Gebiet macht sich Kellers Prinzip der Einfachheit und Sättigung durchaus geltend.

Die Töne der Färbung sind die üblichen: Himmel und See erscheinen blau, Wiesen und Wälder grün, die Blumen rot, weiß und blau, die Wolken weiß, rötlich, golden etc. Kellers Vorliebe für die „liebe grüne Farbe“ ist aus dem ‘Grünen Heinrich’ bekannt. Moderne Töne (wie „violette Dämmerung“ B. I, 79) finden sich nur ausnahmsweise.

Wirkungsvoll sind besonders Farbenzusammenstellungen, z. B. G. H. I, 216 „Die roten, blauen und weißen Gewänder der Mädchen leuchteten herrlich in dem dunkeln Grün“, M. S. 260 „die im grünen Halbdunkel weiß leuchtende Gestalt“, Z. N. 243

„das Gemach, in welchem der Tisch gedeckt war, leuchtete vom Glanze des blauen Himmels und des noch blaueren Seespiegels, der durch die hohen Fenster hereinströmte; wenn aber das Auge hinausschweifte, so wurde es gleich beruhigt, durch das jenseitige junggrüne Maienland“.

Es wirken weniger die Farben an sich, als die durch die besondere Reflexion des Sonnenlichts entstehende Belebung, die uns Keller durch den Empfindungsgehalt seiner Sprache suggeriert, durch Wendungen wie der „glänzende blaue Fluß“, eine „leise grünliche Tinte, von der westlichen Sonne gestreift“, „die bleichen Schatten der Schneeberge“, „das blendend weiße Glarnergebirge“, „der milde Goldschein des Abends“, „der im Morgenrot flammende Himmel“, „die purpurn angeglühten Wolkenschichten“.

Der Charakter der Farbe an sich ist freilich auch von Bedeutung für die Stimmung; Blau z. B. regt das Gemüt auf, während Grün beruhigt, vgl. oben Z. N. 243: „Das Gemach, in welchem der Tisch gedeckt war . . . “ In der sprachlichen Darstellung kommt aber dieser subjektive Gefühlston der Farbe nur soweit zur Geltung, soweit unsere eigene Naturerfahrung und Reizerinnerung wirkt und würde uns ohne besondere Angabe des Dichters vielleicht kaum bewußt; sonst hätte Keller diese weggelassen.

Der reife Keller verwendet bloßen Farbenschmuck ohne Reizausdruck selten, nur wo er eine ganz allgemeine freie Stimmung absichtlich bezweckt, z. B. L. v. S. I, 143: „Der Wald war grün, der Himmel blau und sie allein in der weiten Welt“. In den ersten, durchaus den Einfluß Jean Pauls verratenden Kapiteln des alten 'Grünen Heinrich' zeigt sich seine Veranschaulichungsgabe für Farben noch etwas unbeholfen, z. B. I, 30: „Die sanften, bald fern blauen, bald nah grünen oder braunen Wogen der Erde flossen still darunter hin“. Je reifer Keller wurde, um so mehr verfeinerte sich sein Sprachgefühl, sein Differenzierungsvermögen für den Empfindungsgehalt der Wörter. Sein intensives

Lebensgefühl kennt keine verschwommenen Sinneseindrücke und dementsprechend ungenaue, blasse Wortbilder; Sättigung, Prägnanz der Empfindung ist ihm durchaus eigen. Man darf kaum annehmen, daß diese Sinnlichkeit, diese Gegenständlichkeit der Ausdrücke wesentlich ein Produkt seiner künstlerischen Tätigkeit sei. In Kellers Lyrik zeigt sich die Anschaulichkeit der Sprache in der späteren Fassung der Gedichte ausgebildeter als in der ersten, die der Malerzeit näher stand (vgl. Frey, Frühlyrik; Brunner 93). Auch ein Vergleich der beiden Bearbeitungen des 'Grünen Heinrich' liefert zahlreiche Beispiele. Es sei nur eines erwähnt: G. H. III, 40 B „in der grau verhüllten Natur", — A. III, 59 hat „weiß verhüllt"; augenscheinlich stimmt der Gefühlston des Grau wirkungsvoller zu dem „verborgenen Wandeln" und dem „Schleichweg". Dagegen eignet sich auf S. 41 die heitere „weiße Wand" des Nebels besser zu dem frohen Motiv des prächtig großen Baumgartens mit den schönsten reifen Früchten. So blieb hier „weiß" stehen; vielleicht wirkte oben bei der Aenderung auch das Bedürfnis nach Variation mit.

Auch sonst hat sich Kellers Fähigkeit der Naturveranschaulichung entwickelt. Schon im alten 'Grünen Heinrich' liebte er es, die Lokalformen nicht als starr und tot hinzustellen, unsere Vorstellungen nicht zu stark zu fixieren, sondern ihnen gleichsam Bewegung zu verleihen, unsere Phantasie in formende, bildende Tätigkeit zu versetzen. Diese Eigenschaft wächst mit Kellers künstlerischer Ausreifung. Ein Beispiel: G. H. A. IV, 276 heißt es: „Waldige und dunkle Gebirgszüge umgaben den Horizont". Der Ausdruck „umgaben" schildert mehr als daß er belebend darstellt; deshalb bietet B (IV, 130): „streckten sich am Horizont"; unsere Vorstellung wird nicht mehr fixiert, sondern bewegt. Und der Sinn für die Bedeutung solcher Veranschaulichung verfeinert sich mit demjenigen für den Empfindungsgehalt der Wörter. So ändert der Dichter in demselben Motiv einen ungeschickten Ausdruck. In A schrieb er: „durch das weite Tal schlängelte sich ein rötlicher Fluß daher". Aber nicht ein Fluß schlängelt sich, sondern ein Bächlein; in B lesen wir deshalb: „durch das Tal wand sich ein rötlicher Fluß".

Tageszeiten und Jahreszeiten.

Nirgends zeigt sich Kellers Naturgefühl so fein, wie in der Mannigfaltigkeit der tageszeitlichen Landschaftsstimmungen. Er scheint der Natur alle ihre „Gemütsbewegungen" abgelauscht zu haben, alle die bunten, zarten und zartesten Schattierungen ihres „Gesichtsausdrucks". Er zeigt sie uns im Dunkel des Sternenhimmels (G. H. II, 243), im freundlichen, magischen Scheine des aufsteigenden, des vollleuchtenden, des sinkenden Mondes[1]), im Schimmer des Morgenrots (G. H. IV, 130), in der Frische des Sonnenaufgangs (G. H. III, 38); er führt uns zur hellen, heißen Mittagszeit (S. G. 169) in die Landschaft, zur Stunde, wo „der große Pan der Hellenen" ruht (L. v. S. II, 178). Ganz besonders aber macht es ihm Vergnügen, uns die herrliche Schönheit der Abendröte zu preisen und zu malen, die den Menschen bald beruhigt, bald belebt[2]). Zuweilen gefällt es ihm, Sonne und Mond gemeinsam die Landschaft beleuchten zu lassen, von Osten und Westen her (G. H. III, 38 etc.).

In Bezug auf naturfrische Sinnlichkeit und Unmittelbarkeit der Darstellung findet sich in den verschiedenen tageszeitlichen Stimmungsbildern kein Unterschied; alle Nuancen sind mit derselben Klarheit und Gegenwärtigkeit erlebt und poetisch ausgeführt. Nicht wird die Nacht vor dem Tag verherrlicht oder umgekehrt; dieser spendet im wesentlichen sorgenfreie, naive Lebensfreude, jene regt gern allerhand metaphysische Gefühle an, indem sie uns das Rätsel und Wunder der Natur lebhafter empfinden läßt.

---

[1]) Vgl. L. v. S. I, 155; Z. N. 273; L. v. S. I, 165.
[2]) Z. N. 28. 153. 422. L. v. S. I, 14. etc.

Voll vorzüglicher Schönheit und Feinheit der Anschauung und voll Lebensfrische sind Motive, die Stimmungsübergänge darstellen, wie das Dämmerungsbild im 'Landvogt von Greifensee' (153), die Morgenlandschaft in der 'Armen Baronin' (173), die unvergleichliche „Abendlandschaft“ im 'Grünen Heinrich' II, 400ff., der Herbstmorgen im 'Grünen Heinrich' III, 38. In solchen Motiven scheint mir Kellers dichterische Kunst der Landschaftsdarstellung sich am hervorragendsten auszudrücken.

Der Charakter der tageszeitlichen Landschaftsbilder ist größtenteils von der Jahreszeit abhängig; ein Sommermorgen wirkt anders als ein Herbstmorgen, eine Winternacht anders als eine Maiennacht. Jede Jahreszeit[1]) hat Keller verwendet, zu wiederholten Malen, aber nicht ganz mit derselben Freiheit, wie die Tageszeiten. Der Winter kommt wie bei den Anakreontikern in auffälliger Weise zu kurz; zwar finden sich einige Motive kleinerer Form, aber keine größere Schneelandschaft. Verschiedene Gründe mögen daran schuld sein; der Inhalt der Fabeln kommt in sommerlicher Natur besser, feiner zur Geltung, aber die Fabeln selbst werden vom Dichter geschaffen. Es scheint, Keller habe sich nicht recht am Winter freuen können[2]). Eisvergnügungen, wie Klopstock und Goethe sie verherrlicht haben, reizten ihn offenbar nicht besonders; seine sonnenfrohe, mehr beschauliche Natur verlangte W ä r m e u n d L e b e n s f r i s c h e in der Landschaft. Ueberhaupt haben erst unsere letzten Jahrzehnte den Winter, fast mehr als den Sommer, der Lebensfreude wieder zugänglich gemacht und den Sport als Kulturfaktor hingestellt; zugleich nimmt auch seine ästhetische Verwertung wieder zu.

Um so lebhafter weiß Keller die schöne Jahreszeit zu schätzen. In erster Linie verherrlicht er in immer neuen Variationen immer

---

¹) Brun S. 17.

²) Doch vergleiche man G. H. II, 369: „wobei mir schon das stete Wandern zu dieser Jahreszeit, manchmal durch die schneebedeckten Felder und Wälder, die größte Freude machte“.

wieder den Lenz, z. B. in der Frühlingslandschaft im 'Grünen Heinrich' II, 300, einer feinen Detailschilderung, oder in den 'Mißbrauchten Liebesbriefen' (L. v. S. II, 171): „Da kam endlich der gewaltige Südwind und goß seine warmen Regenfluten schief über Berg und Tal hin. In eilender Flucht schmolzen die Schneemassen und Wasser sprangen von allen Abhängen, lachend, redend und singend mit tausend Zungen" etc. — Zuweilen betont er den Einfluß des Frühlings auf die Lebenstriebe des Menschen: Das Blut, das den Winter über träge in den Adern floß, beginnt im Frühjahr zu wallen und alle Sinne neu zu beleben; den Künstlern im 'Grünen Heinrich' (III, 204) „weckte die freie Natur, der erwachende Lenz den Witz in der tiefsten Seele; die frische Luft legte die beweglichsten Fühlfäden der Freude bloß". — Dem Hadlaub (Z. N. 65) schweigt, wie andern Minnesängern, wie Keller und andern Dichtern auch, die Muse während der kalten, düstern Jahreszeit: „Da aber endlich der Frühling kam und die Sonne die Herrschaft gewann, taute sein Gemüt ein weniges auf"; er beginnt wieder Lieder zu singen. — In den Glattfelder Bauern (G. H. II, 411) erweckt der uralte, gewaltige Frühlingshauch altes, trotzig frohes Naturgefühl.

Natürlich beeinflußt der Lenz am stärksten das Liebesvermögen des Menschen, auf dem schließlich alle Lebensfreude und seelische Spannkraft beruht; Keller weist wiederholt darauf hin, am schärfsten im 'Grünen Heinrich' (IV, 208) in der Erzählung von der „falschen Frühlingsnacht" und dem „Rumor", den sie in Heinrich erregt: „Das Gattungsmäßige im Menschen erwachte mit aller Gewalt seines Wesens in mir; das Gefühl der Schönheit und Vergänglichkeit des Lebens verdoppelte sich, und zugleich schien mir alles Heil der Welt nur auf diesen [nämlich Dortchens] zwei schönen Augen zu stehen".

Wie in der Wirklichkeit, zeigen auch in Kellers Dichtung Sommer und Herbst nicht so heftige Wirkungen auf den Menschen. Immer wählt Keller, etwa den 'Grünen Heinrich' ausgenommen, seine Motive entsprechend den Vorgängen in der

Erzählung. Wo diese nichts Besonderes verlangen (wie z. B. das Begräbnis der Frau Weidelich M. S. 325), bevorzugt er durchaus die angenehmen, erheiternden Elemente in der Natur. So wird bei sommerlicher Mittagszeit die Eigenschaft der Hitze nur ausnahmsweise verwendet (S. G. 115) und nicht anschaulich dargestellt. Abends erleuchtet das Gold des Sonnenuntergangs, nachts der milde Schein der Gestirne die Landschaft, nicht erfüllt sie drückende Schwüle. Niederschläge werden — außer im 'Grünen Heinrich' (II, 426 f.; IV, 130 f.) — fast nur als Naturparallelen verwendet, z. B. in 'Romeo und Julia' (L. v. S. I, 106 ff.

Wesentliche Unterschiede zwischen Sommer und Herbst ergeben sich nicht; wie in der Wirklichkeit, gehört der Frühsommer mehr dem Frühling, der Spätsommer mehr dem Herbste an. In diesen Zeiten spielt sich die Handlung meist ab, während der Hochsommer (im Juli und August) zurücktritt. Wiederholt führt Keller die Erntezeit an[1]), ohne daß er uns damit näher vertraut machte, wie etwa Gotthelf; auch das Spezifische einer schweizerischen Herbstlandschaft, das Herdengeläute, besitzt bei ihm keine größere Bedeutung.

Die Beziehungen zwischen Landschaft und Menschen.

a. Die kultivierte Landschaft.

Es wurde früher eine Aeußerung Kellers an Petersen zitiert, er ziehe die fruchtbaren Täler des Zürcherländchens dem Gebirge vor. Weisen wir dazu auf die häufige Erwähnung von Gärten hin, so dürfen wir ein Ueberwiegen der kultivierten Landschaft erwarten; jedenfalls tritt sie bei Keller vor der unbebauten nicht zurück.

Nicht selten treffen wir die Menschen bei der Landarbeit. Als wohltuender Gegensatz zu dem unerbaulichen Stadtleben erscheint uns bäurische Tätigkeit und Lebensfreude in dem tendenziös rousseauisch als „Flucht zur Mutter Natur“ bezeichneten

---

[1]) G. H. I, 184 f.; III, 35; S. G. 168 f.

siebzehnten Kapitel im ersten Band des 'Grünen Heinrich'. Hier ist es gerade Erntezeit, ein erfreuliches Motiv, das Keller auch in der 'Armen Baronin' (S. G. 168 f.), nur malerisch ausgeführt, verwendet. In 'Romeo und Julia' begegnen wir den Hauptpersonen auf dem Ackerland; Manz und Marti pflügen, ihre Kinder spielen. Ursula sehen wir Heu einheimsen (Z. N. 383), Wilhelm die Herden weiden und die Reben besorgen (L. v. S. II, 157 ff.); auch Anna arbeitet im Weinberg (G. H. II, 248), Landolt und Salome pflanzen Kirschbäumchen (Z. N. 163 f.) u. s. f.

Aesthetisch wichtiger ist der malerische Anblick der grünen Wiesen und goldenen Kornfelder, den Keller besonders liebte. Gern verbindet er mit ihnen blühende Obstpflanzungen. Ebenso häufig finden wir den Wald verherrlicht, den wir auch zur kultivierten Landschaft zählen können (Vgl. M. S. 61). Es sei auch auf den tröstlichen Anblick einer wohlgepflegten Baumschule hingewiesen (L. v. S. II, 367): „In wohlgeordneten Reihen standen Tausende und wieder Tausende von winzigen Weißtännchen, Rottännchen, Fichtchen, Lärchlein, kaum drei bis vier Zoll hoch, die ihre hellgrünen Köpfchen emporstreckten und einer festlichen Versammlung vieler Kleinkinderschulen glichen. Dann standen die gereihten Scharen kniehoher, dann brusthoher Bäumchen, wie wackere Knabenschulen, bis ein Heer mannshoher Buchen-, Eichen- und Ahornjünglinge folgte und im Rücken derselben die schützende Gemeinde der alten Hochwaldbäume die Versammlung abschloß." Ein tröstlicher Anblick, hauptsächlich als Ausdruck liebevoller Sorge für Enkel und Urenkel. (Die Symbolik in diesem Motiv steht in direkter Beziehung zur Symbolik der Wolfhartsgeereneiche; als diese gefällt wird, geht gleichsam das Glück des Jucundus unter, vor der Baumschule ersteht es neu.)

Die hauptsächlichste Eigentümlichkeit in Kellers bebauter Landschaft liegt in der Verwendung der Gärten[1]); in ihrer Pflege

---

[1]) Vgl. BIESE, M. u. N., die Gartenkultur.

drückt sich die reine Naturfreude der poetischen Figuren sowie des Dichters aus. Das Acker- und Wiesenland besitzt in erster Linie einen Nützlichkeitswert, den auch Keller wohl zu schätzen weiß; im Charakter des Gartens erkennt man Wohlstand und Geschmack des Besitzers. Einfache Leute vermögen kaum ein Blumenbeet zu pflegen, oft nur einige Topfgewächse. Von dem Garten eines jungen Bäckerpaares wird uns (G. H. I, 191) erzählt: „Die Sonne lag heiß auf dem weiten Gemüsegarten, in welchem nur ein bescheidenes Blumenrevier verkündete, daß diese Haushaltung einen jungen Wohlstand zu begründen im Begriffe und vorderhand an den prosaischen Nutzen gewiesen sei". — An Herrn John Kabys' schwärzlicher Nagelschmiede[1]) ranken als freundliche Zierde schöne Kürbisstauden und Winden empor (L. v. S. II, 100). Die Mutter Pankraz' des Schmollers sitzt hinter einem „blühenden Rosmaringärtchen auf einem Brette", offenbar am Fenster (L. v. S. I, 20f.). — Dieser schlichte Schmuck befriedigt jedoch die anspruchslosen Menschen; der grüne Heinrich z. B. erklärt (I, 34), das Höfchen seines Vaterhauses, in dem auf einem ganz kleinen Stückchen Rasen zwei Vogelbeerbäumchen in Gesellschaft eines nimmermüden Brünnchens sich ihres Daseins freuten, habe, besonders im Herbst, einen so wunderbar melancholischen Reiz gewährt, daß es dem Gemüte ein Genüge tat, wie die weiteste Landschaft.

Weniger den Besitzbestand als den Charakter verrät der Garten Wilhelms in den 'Mißbrauchten Liebesbriefen' (L. v. S. II, 158); wenn er mit seinen Nelken, Levkoien, Rosen und Geißblättern aussieht „fast so bunt und zierlich wie ein Albumblatt", so entspricht dies trefflich dem Sammlergeist des wunderlichen Schwärmers.

Mit der Entwicklung des Menschen verfeinert sich sein

---

[1]) Solche malerischen Häuschen liebt Keller, z. B. im S. G. 14 das Zollhäuschen, 336 die Wohnung des Schuhmachers, in L. v. S. II, 167 Wilhelms Rebhäuschen etc. etc.

ästhetischer Geschmack; so ist das Gärtchen der aus dem Welschland heimgekehrten Anna (G. H. II, 317) nicht mehr ein krauses Rosen- und Gelbveigeleingärtchen, sondern Annas jetziger Erscheinung mehr angemessen mit fremden Gewächsen und einem grünen Tische nebst einigen Gartenstühlen versehen.

Gern malt uns Keller eine Wirrnis von Blumen, gern schildert er uns idyllisch geschmückte Häuschen, aber ebenso gern entwirft er uns parkähnliche Anlagen, die sich um irgend ein vornehmes Landhaus entwickeln, z. B. im 'Sinngedicht' die Wohnstätte Lucias. Reinhart reitet (S. G. 28 f.) aus einem wilden Forst langsam in eine Waldanlage, die eine kundige Hand verrät: der Boden ist fein gehackt, die Waldblumen sind wohlgepflegt, Rasenstufen führen über kleine Hügel. Vor dem Park breitet sich ein offener Blumengarten aus, durch den sich ein mit Sand bestreuter Weg in Schneckenlinien schlängelt, ein vergoldetes Drahtgitter schließt ihn von der Plattform des Hauses ab, wo unter Platanen ein kunstvoller Marmorbrunnen ruht.

Von der offenbar ausgedehnten Gartenanlage um Hildeburgs Vaterhaus vernehmen wir (S. G. 188) nur, daß sich ein Pavillon darin befand. In 'Regine' wird uns in den Gärten eines fürstlichen Lustschlosses eine „Wasserkunst" dargestellt (S. G. 99), ein Motiv, das auch, mit entsprechender Phantastik, in der Legende 'Die Jungfrau und der Teufel' verwendet ist (S. L. 370).

Einem wohlgepflegten Garten gleicht der Friedhof des Grafenschlosses im 'Grünen Heinrich' (IV, 138): „Jedes Grab war für sich oder mit andern zusammen ein Blumenbeet, in freier Anordnung; besonders die Kindergräblein waren anmutig verteilt, bald als eine kleine Versammlung auf einer Raseninsel, bald einsam in einem lieblichen Schmollwinkel unter einem Baume, bald zwischen Gräbern der Alten, gleich Kindern, die den Müttern an der Schürze hangen. Die Wege waren mit Kies bedeckt und sorgfältig gerechet und führten ohne Scheidemauer unter die dunkeln Bäume eines Lustwaldes, Ahorne, Ulmen und Eschen."

Im Gegensatz dazu sei der verwilderte Kirchhof in Heinrichs Heimatdorf erwähnt, wo die Gräber in den Blumenwald hineingehauen werden müssen; mit seiner göttlichen Unordnung charakterisiert auch er seine Besitzer (G. H. I, 12).

Nach dem Vorausgehenden liebt Keller gut besorgte, doch nicht regelmäßige, geradlinige Gartenanlagen. Gern stellt er irgend ein Bauwerk hinein, ein Wasserspiel[1]), ein Häuschen, eine Kirche. Besondere Aufmerksamkeit schenkt er den meist mit Sand oder Kies bestreuten Wegen[2]), deren Pflege ihm offenbar die Art des Besitzers verrät, die er überhaupt mit dem Charakter des Gartens in Beziehung setzt. Gleiches ungefähr läßt sich von den Friedhöfen bei Keller sagen.

b. Symbolisches Verhältnis der Landschaft zum Menschen.

Eine große Zahl von Kellers Landschaftsmotiven steht in einem engen symbolischen Verhältnis zu Personen und Episoden, deren seelischen Eindruck auf den Leser sie verstärken sollen.

Situationsbilder.

Schon die Einführung von Figuren vollzieht Keller gern im Rahmen eines Landschaftmotivs; er sucht uns seine „Helden“ in einem möglichst angenehmen anschaulichen Bilde vorzustellen, damit wir ihnen von Anfang an wohlgesinnt werden. Bald wird mehr die Person[3]), bald mehr das landschaftliche Milieu hervorgehoben.

Wohl die deutlichsten und schönsten Motive dieser Art begegnen uns, wenn wir mit Hadlaub und wenn wir mit Lucie, der „Heldin“ in der Rahmenerzählung des ‘Sinngedichts’, Bekanntschaft machen; beiderorts fühlt der Dichter sich veranlaßt, uns

---

[1]) Vgl. auch M. S. 110, L. v. S. II, 74.

[2]) Vgl. auch M. S. 212.

[3]) Z. B. Judith G. H. I, 192; Hansli Gyr Z. N. 349; Jucundus L. v. S. II, 261.

persönlich auf den ästhetischen Reiz der Erscheinungen aufmerksam zu machen.

Hadlaub treibt (Z. N. 32 f.) singend seine Herde nach Hause. „Nur mit einem langen blauen Leinenrocke bekleidet, barfuß, von reichem, blondem Goldhaar Gesicht und Schultern umwallt, ein hohes Schilfrohr in Händen tragend, gab das Kind mit den Tieren ein ungewöhnlich anmutiges Bild, welches zudem samt dem Waldesgrün vom Lichte der Abendsonne gestreift war, soweit sie durch die Belaubung dringen mochte".

Weitläufiger wird (S. G. 30) die schon in anderem Zusammenhang erwähnte Vorstellung Lucies vorbereitet: Unter den Platanen erblickt Reinhart „einen Brunnen von weißem Marmor, der sich einem viereckigen Monumente gleich mitten auf dem Platz erhob und sein Wasser auf jeder der vier Seiten in eine flache, ebenfalls gevierte, von Delphinen getragene Schale ergoß. Teils auf dem Rande einer dieser Schalen, teils auf dem klaren Wasser, das kaum handtief den Marmor deckte, lag und schwamm ein Haufen Rosen, die zu reinigen und zu ordnen eine weibliche Gestalt ruhig beschäftigt war, ein schlankes Frauenzimmer in weißem Sommerkleid, das Gesicht von einem breiten Strohhute überschattet. — Die untergehende Sonne bestreifte noch eben diese Höhe samt der Fontäne und der ruhigen Gestalt, über welche die Platanen mit ihren saftgrünen Laubmassen ihr durchsichtiges und doch kräftiges Helldunkel niedersenkten". Ein Bild, „das mit seiner Zusammenstellung des Marmorbrunnens und der weißen Frauengestalt eher der idealen Erfindung eines müßigen Schöngeistes als wirklichem Leben glich".

Solche „Situationsbilder" seiner Gestalten liebt Keller[1]); er verwendet sie nicht bloß zur wirkungsvollen Einführung, sondern überall nach Gutdünken; bald beschreibt er eingehend, detailliert, bald faßt er sich allgemein; in der Hauptsache kommt es ihm

---

[1]) Vgl. K. Rick 66 über die Anschaulichkeit solcher Momentbilder.

auf klare Anschaulichkeit, auf eindrucksvolle Form der Situationen an.

Nicht immer, aber meistens bildet ein Landschaftsmotiv das Milieu. Je nach dem Charakter, der Stimmung der Person oder des Handlungsvorganges ist das Motiv verschieden; es bekommt dadurch symbolischen Gehalt.

Die ruhige, schlichte Frau Marie Salander sitzt (S. 96), „das Waldesgrün dicht im Rücken“, unter einfach bürgerlichen Leuten. — Berghansli, den alten Patrioten, finden wir in einer abgelegenen Laube sitzend (N. Sch. 293), „über die blühenden Felder hinaus“ schauend. — Die noch mädchenhafte Fides begegnet dem schüchternen Hadlaub „umspielt von dem goldenen Abendlichte, das durch die grüne Dämmerung des Waldpfades webte, und begleitet von dem fast betäubenden Gesang und Gezwitscher unzähligen Vögel“ (Z. N. 69). Welch einen Gegensatz bildet dazu ein leicht verwandtes und ebenso charakteristisches Motiv im ‘Grünen Heinrich’, die einfache und doch so imponierende Erscheinung der reifen und selbstsicheren Judith, wie Heinrich (II, 315) sie uns vorführt: „Da stand an einer erhöhten Stelle des Weges die schöne Judith unter einer dunklen Tanne, deren Stamm wie eine Säule von grauem Marmor emporstieg. Ich hatte sie lange nicht mehr gesehen; sie schien mit der Zeit noch immer schöner zu werden und hatte die Arme über einander geschlagen, eine Rosenknospe im Munde, mit welcher ihre Lippen nachlässig spielten.“

Solche Momentbilder können geradezu eine psychologische Analyse ersetzen, indem sie uns statt vieler Worte Seelenzustände veranschaulichen und gleichzeitig Spannung erregen, wie z. B. die Situationen, in denen Martin und Marie Salander ihre unglücklich verheirateten Töchter wiederfinden: S. 212 „Bei einem Bäumchen stand Frau Setti Weidelich in schönem Kleide, mit dem Ausbrechen abgängiger Blätter beschäftigt. Ihr Gesicht schien im Profil schmäler als früher und vor allem freudlos“, noch charakteristischer S. 222 „Die Frau Netti aber stand an einer fensterartigen Oeffnung des Laubwerkes und schaute, die Hand über der Stirne, in die Ferne, nach dem blauen Höhenzuge bei Münsterburg".

Auch Gruppen von Menschen zeigt uns Keller gern in einem landschaftlichen Rahmen, besonders auf einer weithin sichtbaren, freien Anhöhe, sehr wirkungsvoll z. B. im „Hadlaub" (Z. N. 81) die ritterliche Jagdgesellschaft: „Einem Zuge von Göttern gleich eilten sie auf dem Berggrate dahin, Lust und Stolz auf allen Gesichtern; von den hohen Spitzhüten der Herren flatterten die Bindeschnüre, an den Enden zierlich verknüpft, modisch in der Luft und verkündeten den von jedem Drucke freien Sinn des Augenblickes".

Andere Gruppenbilder finden sich in 'Kleider machen Leute' (L. v. S. II, 40), in 'Don Correa' (S. G. 232), im 'Grünen Heinrich' III, 82 (hier mit tief symbolischem Gehalt). Daß sich neben diesen ausgeführten zahlreiche kleinere, flüchtige Motive finden, welche Menschen in äußerer, räumlicher Beziehung zur Landschaft zeigen, braucht nur erwähnt zu werden.

Naturparallelen zu Episoden.

Wichtigere Handlungsvorgänge werden meist von einem Landschaftsmotiv eingeführt oder begleitet, das im Leser die Stimmung erweckt, durch welche die wirkliche Natur vermutlich die handelnden Personen beeinflußt[1]), oder dessen Effekt auf den Leser dem der Episode entspricht und diesen dadurch erhöht[2]). Zuweilen wachsen solche Motive zu eingehenden Schilderungen aus, wie in dem Frühlingsbild im 'Grünen Heinrich' II, 300 oder zu ganzen Folgen von Stimmungsbildern, wie in der 'Abendlandschaft' (G. H. II, 400 f.). Oft aber besteht die Parallele nur aus einem flüchtigen Vergleich, so L. v. S. I, 144: „Wie keine Wolke am reinen Himmel stand, trübte auch keine Sorge in diesen Stunden ihr Gemüt."

---

[1]) Z. N. 273. Bei der zweiten, erfolglosen Fahrt Karls fehlt das Motiv

[2]) Vgl. M. S. 325.

In der reichen Verwendung, in der Mannigfaltigkeit und in der Wirkung dieser Naturparallelen erinnert Keller an Shakespeare[1]), dem ihn Heyse schon frühzeitig in einem Sonett an die Seite gestellt hat.

Je nach dem Gefühlsgehalt einer Episode, nach dem Charakter einer Person zeigt die Natur ein anderes Gesicht. Auf freundliche Szenen blickt sie heiter, auf traurige düster, feierlich bei erhabenen und geheimnisvoll bei dämonischen. Wo die Leidenschaften der Menschen toben und entarten, beginnt auch sie heftiger zu atmen, donnert und stürmt. Da Sali und Vrenchen sich nach langer Trennung mitten in ihrem häuslichen Elend ein Schäferstündchen gönnen, da strahlt die ganze Natur, „die prächtige stille Julisonne, die fahrenden weißen Wolken, welche über das reife wallende Kornfeld wegzogen, der glänzende blaue Fluß, der unten vorüberwallte“ (L. v. S. I, 115). — Wie Justine, irrgläubig an ihrem Manne verzweifelnd, sich von ihm löst, stürmt und regnet es herbstlich; Jukundus fährt, wie ein Unseliger, „unbemerkt in der stürmischen Regennacht mit seiner Mutter davon“ [2]). Am Tage ihrer Aussöhnung (366 f.) aber leuchtet der schönste Junimorgen: „Die Erde war überall, wo man hinsah, mit Blumen bedeckt, von den eben verblühenden Bäumen wehten die Blüten hinweg, wenn ein Lufthauch sich erhob ....“ Die Glocken der Kirchen an den Ufern des Sees erfüllten die Luft mit einem unendlichen Klangmeer. Im ‘Sinngedicht’ (387) verläßt die Nonne das Kloster in einer mondhellen Juninacht und kehrt (393 f.) in einer stürmischen Herbstnacht dahin zurück.

Ein noch auffallenderer Witterungswechsel, parallel zu der Veränderung menschlicher Stimmung [3]), findet sich im ‘Martin

---

[1]) Ueber Shakespeare vgl. BIESE, M. u. N., Kap. 6, u. C. HENSE, Shakespeare, Halle a. S. 1884 Kap. IV.

[2]) L. v. S. II, 317, 319.

[3]) Vgl. G. H. I, 58 das Begräbnis der scheintoten Meret, die Wanderungen Wilhelms und Strapinskis (L. v. S. II, 155, 157; 11, 22).

Salander' (34). Wie Frau Marie in ihrer Notlage weint[1]), fällt ein tüchtiger Regenschauer vom Himmel; wie sie sich aber ermannt, da „schien der Himmel selbst ihr zu Hilfe zu kommen; denn es ward heller um sie her; die sinkende Sonne beherrschte wieder das Feld".

Zu den wirkungsvollsten Natursymbolen gehört das Gewitter in 'Romeo und Julia', das der wilden Handlung trefflich entspricht. Während die zwei Bauern einander beschimpfen und stoßen, donnert und stürmt es durch die Luft; fast willkürlich erhellt dazwischen der grelle Abendschein Vrenchens flüchtig lächelndes Gesicht (L. v. S. I, 108). Als großartigen Gegensatz dazu vergleiche man (Z. N. 422) die majestätisch feierliche Naturszenerie, in der der ehrwürdige Zwingli verscheidet[2]). Erwähnung finde das einzigartige schwermütige Herbstmotiv beim Begräbnis der Frau Weidelich (M. S. 325), dem der sonnige Glanz der Landschaft bei Annas Totenfahrt (G. H. III, 82 f.) gegenübersteht, ein feierlicher Schmuck, der dieser Szene tiefere, nicht, wie eine einfache Parallele, bloß momentane Bedeutung verleiht: die Jugend entschwindet; Heinrich erkennt „den ernst werdenden Wechsel des Lebens". — Einen hervorragenden Kontrast zwischen guten und schlechten Menschen hat Keller im 'Sinngedicht' S. 169 f. durch natursymbolische Einkleidung scharf beleuchtet; hier erscheint uns die arme Baronin in einer herrlichen Sommerlandschaft, ihren verkommenen Verwandten begegnen wir in einem wüsten Unwetter.

Neben diesen hauptsächlich von der Witterung bestimmten Naturparallelen finden sich symbolische Landschaftsmotive, bei denen auch die Lokalform, das Terrain von Bedeutung ist, auf

---

[1]) Vgl. Z. N. 136 „Je stärker es regnete, desto heftiger greinte und schluchzte der mißliche Kriegsmann", G. H. II, 431 „Es regnete immerfort auf mich nieder, die Windstöße fuhren und pfiffen durch die Luft und heulten erbärmlich in den Bäumen, ich weinte dazu wie ein Kind."

[2]) Vgl. Schillers „Räuber" III. A. 2. Sz.

Schwarz: Wie herrlich die Sonne dort untergeht!
K. Moor: So stirbt ein Held! — Anbetungswürdig!

dem bestimmte Handlungsvorgänge sich abspielen. Der grüne Heinrich balgt sich (I, 162) mit seinem einst befreundeten Todfeind Meyerlein in einer wilden, mit altem Tannenwald erfüllten Schlucht, über der eine düstere und doch weiche Stimmung ruht. Gebizo geht (S. L. 366) durch eine uralte Wildnis, „wo ungeheure bärtige Tannenbäume einen See umschlossen, dessen Tiefe die mächtigen Tannen ihrer ganzen Länge nach widerspiegelte, so daß alles düster und schwarz erschien"; vergl. die Variation 369.

Liebesszenen, soweit Keller solche anführt, spielen sich gern auf idyllischem Boden ab, in 'Don Correa' in einer sonnerfüllten Grotte (S. G. 230 f.), in den 'Mißbrauchten Liebesbriefen' auf einer grünen, blumigen Waldlichtung (L. v. S. II, 183), im 'Grünen Heinrich' (II, 405) an einem Wasser, wo die Stimmung „am allerheimlichsten" war. Ernste Lebensgespräche werden auf freien Anhöhen mit beruhigender Aussicht geführt[1]. Dagegen hängt der grüne Heinrich (IV, 268 f.) seinen lebensmüden Gedanken in einem engen, abgeschiedenen Tale nach, zwischen zwei grünen Berglehnen, wo es still ist, daß man die Luft in fernen Wipfeln säuseln hört. Die Darstellung des Lokals mit seiner Stimmung erweckt das Naturgefühl des Lesers, und er erhält den Eindruck, die landschaftliche Umgebung beeinflusse die psychologischen Vorgänge, bedinge sie vielleicht sogar. Auf eine interessante wechselnde Lokalparallele im 'Sinngedicht' 318 ff. sei noch hingewiesen. Lucie spaziert mit Leodegar; während sie vor schrecklicher Verzweiflung weint, führt der „schmale, holprige Weg" durch ein vernachlässigtes Lustwäldchen. Nach der beruhigenden Aussprache wird die Wanderung „auf breiteren Wegen" fortgesetzt.

Im allgemeinen stimmt der Seelencharakter einer Person mit dem Charakter des Lokals überein, das sie birgt. Die lebens-

[1]) L. v. S. II, 367 ff.; G. H. IV, 278 ff.; M. S. 66 ff.

frohen Seldwyler vegetieren an der Sonnseite eines fruchtbaren Tales, die mordlustigen Ruchensteiner dagegen hausen zwischen Felsen im Schatten (L. v. S. II, 188). Buz Falätscher, der Narr auf Manegg, residiert in einer Behausung (Z. N. 133), die nicht weniger öde aussieht als ihr Besitzer. Im 'Martin Salander' (299) wird der Gegensatz zwischen dem Charakter der Notare und ihren schönen Villen als eine eigentümliche Tatsache besonders hervorgehoben.

Auf eine besondere Art von Symbolik macht KÖSTER (G. Keller 98 f.) aufmerksam, indem er auf ein Motiv in 'Romeo und Julia' (L. v. S. I, 86 f.) hinweist: „Die Steine wurden immer mehr zusammengedrängt und bildeten schon einen ordentlichen Grat auf der ganzen Länge des Ackers, und das wilde Gesträuch darauf war schon so hoch, daß die Kinder, obgleich sie gewachsen waren, sich nicht mehr sehen konnten, wenn eines dies- und das andere jenseits ging". Dadurch wird die beginnende Entfremdung der beiden Familien angedeutet.

Vielleicht ließe sich das Holzwegreiten des Herrn Reinhart (S. G. 28 f.) symbolisch auffassen, wenn ich dies auch nicht direkt zu behaupten wage; auffällig ist sein Ausruf: „Was mir in dieser Wildnis ersprießen wird, muß wohl eher eine stachelichte Distel, als eine weiße Galathee sein."

Das 'Sinngedicht' schließt auch (S. 335 f.) mit einem symbolisch vordeutenden Naturmotiv, das in der Komposition ein Gespräch ersetzt und wirksamer als ein solches die Liebesszene vorbereitet, indem die zwischen Reinhart und Lucie sich entwickelnde Spannung dem Leser direkt eingeflößt wird, dadurch daß er ihre gemeinsamen Walderlebnisse miterlebt. Keller schuf hier eine meisterhafte Veranschaulichung der wachsenden instinktiven Hinneigung Lucies zu Reinhart. Erst betrachten die beiden das „heimelige" behagliche Schroten eines Hirschkäfers, dann „einen Eichbaum, der eine schlanke Buche in seinen knorrigen Armen hielt; das vermischte

Laub ihrer Kronen flüsterte und zitterte ineinander, und ebenso innig schmiegte sich der glatte Stamm der Buche an den rauheren Eichenstamm". Ein bedeutsames Symbol! Durch das gemeinsame Liebeswerk an der Lucie mit furchtsamer Scheu erfüllenden Schlange wird das Fräulein schon „in sichtliche Erregung" versetzt, und lebhafter noch beginnt ihr Busen zu wogen, wie die Schlange sie begleitet und gleichsam zum Abschied sich in die Höhe richtet; Lucie muß sich durch einen Ausruf erleichtern. Den höchsten Grad und zugleich die Lösung dieser großartigen Gefühlssteigerung bildet für den Leser, auf den die Komposition hier einzig Rücksicht nimmt, die Liebesszene.

Auch im 'Grünen Heinrich' finden sich manche gedankensymbolische Motive, so das früher erwähnte Situationsbild aus dem Begräbnis der Anna. Wir wissen von Bernhard Seuffert, daß Keller sich etwas darauf zu gute tat, in diesen Roman allerhand Dinge hineingeheimnißt zu haben (Germ.-rom. Monatsschrift Jg. 1910, Heft 10).

Das Verhalten der Kellerschen Gestalten zur Natur.

a. Natur und Charakter.

Wie Keller selbst, zeigen viele seiner Charaktere, besonders die edleren, empfängliche Sinne für die Reize der Natur. Verehrung für die Natur, Freude an ihrer Schönheit muß einem guten Menschen eigen sein. Schon als Jüngling erklärte Keller seinem auch aus dem 'Grünen Heinrich' bekannten Freunde Müller (B. I, 68): Wer das Gefühl der Schönheit „für die Natur nicht hat, . . hat . . einen Riß in seinem Herzen, der ihn zum kleinen Menschen macht".

Was der achtzehnjährige Kunstjünger bekannte, Naturgefühl gehöre zum wahren Menschen, hat der Dichter bis an sein Ende in all seinen Werken wiederholt: seine sympathischen Gestalten lieben und genießen die Natur, die niedrigen, verdorbenen zeigen stumpfe Sinne [1]). Je bedeutender die Menschen sind, um so ausgeprägteres Interesse an der Natur haben sie.

Von dem kleinen Dietegen, dem in silberner Mondnacht (L. v. S. II, 205) der wunderbare Zauber des Waldes sich zum erstenmal offenbart, bis zu des Dichters Doppelgänger, dem grünen Heinrich, der sich eine tiefere Naturphilosophie für seinen seltsamen Christenglauben eintauscht, zieht sich eine kleine Stufenfolge von verschiedenen Naturverhältnissen Kellerscher Figuren. Besonders sind es künstlerisch veranlagte Charaktere, die, ähnlich dem grünen Heinrich, in vertrauterem Vërkehr mit der Natur stehen: der Dichter Hadlaub, der Landschafter Salomon Landolt, der flüchtig erscheinende Idylliker und Maler Salomon Geßner. „Alle Reize der wechselnden Natur", berichtet Keller (Z. N. 76) über Hadlaub „vereinten sich in seinen Liedern mit Sehnsucht, Klage und Hingebung der Liebe", und von Landolt erklärt er (Z. N. 218), er stehe „auf einer außerordentlichen Höhe der Selbständigkeit des ursprünglichen Gedankenreichtums und des unmittelbaren eigenen Verständnisses der Natur".

Doch auch Menschen gewöhnlicherer Art zeigen reiches Naturgefühl, so Pankraz der Schmoller, der die Zeit nach dem Stand der Gestirne bestimmt, für den der Sonnenuntergang mit den verschiedenen Nuancierungen des Himmels etwa das zu sein scheint, „was für die Kaufleute der Mittag auf der Börse" (L. v. S. I, 14), so Wilhelm, der Naturkuriositätensammler (L. v. S. II, 101 ff.), Jukundus der Waldfreund (L. v. S. II, 293) und Erwin Altenauer, der mit dankbarer Zufriedenheit die schönen Flußtäler,

[1]) Nach Biese, M. u. N. S. 300 entsprechen sich Charakter und Naturfreude bei E. v. Kleist. Schon Gottfried v. Strassburg singt (Tristan 549 ff.):

bluomen, gras, loup unde bluot
und swaz dem ougen sanfte tuot
und edele herze erfröuwen sol, ..

Berghöhen, Waldlandschaften als traute Heimat genießt (S. G. 62). Auch den verliebten Sali erfüllt die Schönheit der Landschaft mit Glück und Zufriedenheit (L. v. S. I, 115); Wenzel Strapinski (L. v. S. II, 47) und Zambo Maria (S. G. 264) strecken hilfeflehend die Arme nach den Gestirnen aus.

Anderseits charakterisiert es beschränkte und schlechte Menschen, daß sie für die Reize der Natur unempfindlich sind. Im 'Grünen Heinrich' (I, 70) besitzt ein Atheist „weder großen Verstand noch Pietät für irgend etwas, selbst für die Natur nicht". — Für die drei gerechten Kammmacher scheint die Natur überhaupt nicht zu existieren. Ein besonderes Beispiel von Stumpfheit bilden die Brüder Weidelich im 'Martin Salander'; fast ostentativ hebt Keller ihre Rohheit hervor. Isidor will seine schattigen Buchen fällen lassen (S. 220), Julian fängt und brät Dutzende froher Singvögel (S. 226). Beide wohnen in hervorragend schöner Lage, so daß Salander (S. 229) in Bezug auf ihre Unterschlagungen sich mit tüchtigem Aerger wundert, „wie man in diesem friedlichen Himmelsglanze so vom Teufel besessen werden und sich Welt und Leben so schmählich zerstören könne".

b. Wanderlust.

In ihrer Naturliebe zeigen sich Kellers Charaktere mit romantischen Figuren verwandt; an die Romantik erinnert auch ihre Freude an Spaziergängen und Wanderfahrten [1]). Wie oft treffen wir den grünen Heinrich auf einem Ausflug in die Landschaft, in sein Heimatdorf, zu Anna und ihrem Vater [2])! Dieses Wandern regt ihn gelegentlich (I, 182) zu ernsten Betrachtungen über das Schicksal und die Zukunft an. — Die Seldwyler, diese geborenen „Taugenichtse", dünkt nichts so ergötzlich, „als bei schönem Wetter einige Tage im Lande herumzustreichen" (I, 196), eine Passion, die auch den besseren Elementen unter

[1]) Vgl. A. FREY, Erinn. S. 148, Kellers letzte Reise durch die schöne Landschaft der Ostschweiz.

[2]) G. H. I, 140 f., 182, 215; III, 40 f.

ihnen eigen ist[1]). — Auch in den 'Züricher Novellen', werden wir immer wieder ins Freie geführt, sei es zu Pferd, sei es zu Schiff oder zu Fuß[2]), desgleichen im 'Sinngedicht' (z. B. 14. 95). Ebenso finden wir Martin Salander häufig auf Spaziergängen (z. B. 61. 93). Die meisten dieser Ausflüge gipfeln in der Rast auf aussichtsreichen Anhöhen, sei es in einem Wirtshause[3]), sei es auf einer Bank oder einem Stein im Freien[4]).

c. Empfindsame Sehnsucht.

So lebhaftes Naturgefühl wir in Kellers Charakteren finden, es artet nie zu romantischer Sentimentalität aus. Eine Art müßigen Versenkens in die Natur scheint dem grünen Heinrich in seiner Jugend eigen gewesen zu sein, desgleichen Pankraz dem Schmoller; doch findet sich dies poetisch nicht ausgedrückt, es wird nur davon erzählt. Keller hielt passiven Naturgenuß für ungesund, für verweichlichend; im 'Grünen Heinrich' erklärt er gelegentlich (I, 141 f.): „Obgleich wir noch nichts von landschaftlicher Schönheit zu sagen wußten und einige vielleicht in ihrem Leben nie dazu kamen, fühlten wir alle doch ganz die Natur, und das um so mehr, als wir mit unserem Freudenzuge eine würdige Staffage in der Landschaft bildeten, selbst handelnd darin auftraten und daher der empfindsamen Sehnsucht untätiger Naturbewunderer enthoben waren. Denn ich habe erst später erfahren, daß das müßige und einsame Genießen der gewaltigen Natur das Gemüt verweichlicht und verzehrt, ohne dasselbe zu sättigen, während ihre Kraft und Schönheit es stärkt und nährt, wenn wir selbst auch in unserm äußern Erscheinen etwas sind und bedeuten ihr gegenüber."

Auch in seinem letzten Werk, in 'Martin Salander', warnt Keller indirekt vor den Gefahren des Naturgenusses für unbe-

---

[1]) L. v. S. I, 17. 140. 196; II, 11.

[2]) Z. N. 80. 136. 254. 348.

[3]) M. S. 260; L. v. S. I, 151, II, 38.

[4]) L. v. S. II, 367 f.; II, 257. Z. N. 21. 28. G. H. IV, 278. M. S. 66.

schäftigte Menschen. Martin bemerkt (S. 212) seiner Gattin über die Wohnung seiner Tochter Setti: „Es müßte doch nicht mit rechten Dingen zugehen, wenn in diesem idyllischen Frieden ein ernstliches Unheil gedeihen könnte". Marie aber entgegnet ihm skeptisch: „Ja, es ist schön hier; vielleicht nur zu schön für müßige Herzen".

Keller zeigt uns seine Gestalten, den erzählenden Heinrich etwa ausgenommen, nicht in passivem Betrachten und Genießen der Natur; Gefühlsergüsse finden sich bei ihm nicht. Die Personen treten handelnd in der Landschaft auf, arbeitend oder spazierend, selten einzeln, meistens paarweise oder in Gruppen. Sie kennen und lieben schöne Gegenden und anmutige Plätzchen in der Natur, besonders gute Aussichtspunkte. Wenn wir auch annehmen dürfen, daß die Reize der Landschaft sie entzücken, so hören wir doch nur selten von ihnen einen Ausdruck der Freude, einen Ausruf der Bewunderung. Wo solche Aeußerungen dem Dichter nötig scheinen, mischt er sich selbst ein, z. B. im 'Landvogt von Greifensee' (Z. N. 153): „eine Stimmung und Lage, in welcher der Landvogt erst recht aufzuleben, ganz Auge zu werden und nur dem stillen Walten der Natur zu lauschen pflegte", oder im 'Hadlaub' (Z. N. 29): „denn der Frieden dieses Anblickes ergötzte und beruhigte sein trotz der Jahre immer erregtes Gemüt". Auch im 'Grünen Heinrich' finden wir direkte subjektive Gefühlsäußerungen, wie beispielsweise III, 82: „Es war so schön hier oben!", nicht häufig, und nur selten werden Ausrufzeichen gesetzt[1]).

Daß Keller das Wesen der romantischen Sehnsucht kannte, bezeugt die sogenannte Heidelberger 'Grille' (B. I, 462 ff.), worin er bemerkt: „Ich spekulierte just über die Art von Sehnsucht, welche das Anschauen eines schönen Landstriches in uns

---

[1]) Mörike bedient sich hier gelegentlich der Lyrik im Roman, Keller nicht. Vgl. 'Maler Nolten' ed. H. Maync, II, 270 f. Als Gegensatz zu Kellers objektiver Ausdrucksweise vergleiche man etwa Hölderlins 'Hyperion'.

erweckt; denn schon oft glaubte ich beobachtet zu haben, daß die schönste Landschaft, gerade weil sie so schön ist, noch irgend eine Befriedigung unerfüllt läßt und irgend einer unbekannten Ergänzung mangelt. Besonders die blaue Ferne tut dies allerorten, sowie fern glänzendes Wasser. Ebenso überkommt einen dies Gefühl in einem tüchtigen stillen Wald, wenn man allein ist."

In seinen Werken führt Keller uns gern auf aussichtsreiche Anhöhen, läßt uns in blaue Fernen, in wasserreiche Täler blicken, und die Sinnlichkeit der Stimmungsdarstellung mag in uns zuweilen ein stilles Sehnsuchtsgefühl erwecken; die handelnden Personen aber scheinen ein solches nicht zu empfinden, wenigstens nicht in heftigem Grade. Sie sind alle mehr oder weniger frische, warmblütige, fast nüchterne Naturen, die die Welt erfassen, wie sie ist, ohne Verzückung und romantische Gefühlsschwärmerei. Man vergleiche besonders im ersten 'Grünen Heinrich' die Charakteristik des abschiednehmenden Jünglings I, 11, ebenso diejenige der von aller „Naturschwärmerei" freien Judith (A. III, 125 ff.).

Zuweilen treffen wir auf Spuren jener besonderen Art von Sehnsucht, die wir Heimweh nennen. Hadlaub z. B. leidet gelegentlich daran (Z. N. 94). Pankraz erzählt (L. v. S. I, 72) von einer verjährten Sehnsucht, die ihn beim Anblick einer malerischen Schlucht erfaßt habe; ihr Objekt ist freilich nicht die Heimat, sondern die schöne Lydia. Dem Heimweh näher verwandt ist ein Phantasiegenuß des grünen Heinrich, nachdem er aus seinem Heimatdorf wieder nach Zürich zurückgekehrt ist (II, 270): „Im Angesichte der großartigen Landschaft, welche die Stadt umgibt, schwebte mir nur die verlassene Gegend wie ein Paradies vor, und ich fühlte erst jetzt jeden Reiz ihrer einfachen und anspruchslosen, aber so ruhigen und lieblichen Bestandteile". Vergleiche auch Kellers Gedicht „Am Tegelsee" (II, 93 f.).

Nicht die Gegend als solche, sondern eine geliebte Person, die dort weilt, erregt zuweilen die Sehnsucht. Wenn Theophilus

(S. L. 430) seine Arme nach dem Argeusgebirge ausbreitet, wenn Wilhelm seufzend nach den Lichtern von Seldwyla blickt (II, 181 f.), wenn Setti und Netti (M. S. 147) mit ihren Feldstechern beseelten Auges die Notarenhöfe umspähen, so spielt der Charakter der Landschaft dabei keine Rolle.

d. Allgemeiner Landschaftseinfluß.

Da großzügige oder elegische Charaktere bei Keller nicht vorkommen, werden in seinen Figuren durch die Landschaft auch entsprechende Gefühle nicht ausgelöst. Die titanische Erhabenheit des Hochgebirges, die sanfte Melancholie des Tieflandes finden sich nicht ausgedrückt; der ästhetische Genuß des Schrecklichen wird nicht verherrlicht, obschon er Keller durchaus nicht fremd war. Eine Tagebuchnotiz (B. I, 88) rühmt die Beruhigung, die ein Sturmgewitter dem Jüngling bereitet habe (s. oben S. 15). In einer andern Aufzeichnung (B. I, 309) lesen wir: „Ich sah nichts mehr als eine mächtige silbergraue Weide, welche mit dem heftigsten Sturmwinde rang. Sie war ein Bild der tiefsten Zerknirschung. Wie rasend schlugen ihre Aeste um sich und brausten und sangen mit solch herzzerreißenden Tönen, daß ich voll Schrecken, doch mit einem wollüstigen Zittern zuhörte". In der Prosadichtung finden sich solche Motive sehr selten. Die Natur spendet fast ausschließlich feierliche Ruhe oder heitere Belebung. Ruhe gewährt hauptsächlich der grüne Wald und die freie Fernsicht. So bemerkt der Dichter in 'Martin Salander' (222) vom Lindenberg: „Auch hier war ein Sitz der Ruhe und des Naturgenusses; nur bot statt des Laubwaldes [näml. auf dem Hofe Lautenspiel] eine ausgedehnte Fernsicht dem Gemüte jene Ruhe, insofern es für sie offen stand". Die Aussicht auf das friedliche abendsonnige Limmattal beruhigt das immer erregte Gemüt des Kantors Konrad (Z. N. 29). Der grüne Heinrich, von der Liebe zu Dortchen gequält, sucht zur inneren Beruhigung, zur „Heilung seiner Krankheit", waldige Höhen, schattige Aussichtspunkte auf (IV, 217 f.). Auf die häufige Verwendung solcher Aussichtspunkte wurde wiederholt hingewiesen. Fast nie unterläßt es Keller in seinen Landschaftsmotiven auf die Ruhe und Stille der großen Natur hinzuweisen, die wohltuend auf die Seele des Menschen wirkt, freilich nur, wie früher erwähnt wurde, bei einem kontrastierenden vereinzelten Geräusch; in vertraulicher Einsamkeit sammeln sich die Sinne.

Erheiternd und belebend wirkt die Landschaft, wenn sie von der hellen Sonne bestrahlt und erwärmt wird, wie Z. N. 390: „Da Land und Himmel immer sonniger und freundlicher wurden, kehrten auch die Vertraulichkeit und das Glücksgefühl der verwirrten Jungfrau zurück“; L. v. S. II, 265: „Ein wolkenloser Himmel breitete sich über Wasser, Land und Gebirge und öffnete die letzten Quellen edler Freude, welche noch verschlossen sein konnten“ [1]). Ohne beglückenden Sonnenschein kann eine Keller'sche Fabel sich überhaupt nicht entwickeln.

Bemerkungen zu Kellers Schaffen.

a. Allgemeines.

Werfen wir einen Blick in Kellers innere Dichterwerkstatt, in sein Erleben und Darstellen der Natur, wie es uns besonders in der Prosa der Reifezeit erscheint; einzelnes wurde bereits in der Einleitung erwähnt. Es wurde dort (S. 6) auf den schon dem Jüngling bewußten Unterschied zwischen äußerlicher, wesentlich malerischer, und vertiefter, poetischer Naturanschauung hingewiesen. Keller neigte zu der dichterischen Auffassung und liebte es, seine Studien und Lebenseindrücke als poetische zu bezeichnen: „Ich hatte mir, ohne zu wissen wann und wie, angewöhnt, alles, was ich in Leben und Kunst als brauchbar, gut und schön befand, poetisch zu nennen, und selbst die Gegenstände meines erwählten Berufes, Farben wie Formen, nannte ich nicht male-

[1]) Vgl. Mörike, herg. v. H. Maync, II, 160, Goethe herg. v. K. Heinemann, IX, 245.

risch, sondern immer poetisch, so gut wie alle menschlichen Ereignisse, welche mich anregend berührten. Dies war nun, wie ich glaube, ganz in der Ordnung; denn es ist das gleiche Gesetz, welches die verschiedenen Dinge poetisch oder der Widerspiegelung ihres Daseins wert macht" (G. H. B. III, 14).

Deutlicher hebt eine in der Umarbeitung getilgte Bemerkung im alten 'Grünen Heinrich' (I, 58 f.) das Wesentliche in Kellers Art der Landschaftsbetrachtung hervor und weist uns direkt auf die Dichtung hin: „Heinrich besaß eine unverwüstliche Pietät für die Natur; wo keine Gebirge und Ströme waren, da fand er jedes Gehölz, einen stillen Ackergrund, einen besonnten Hügel reizend um der 'Stimmung' willen, die darauf lag, und seine Verbündeten waren hierbei die Atmosphäre und die Sonne, welche ihm jeden Busch zu Etwas gestalten halfen. Und schon früh hatte er, ohne theoretische Einpflanzung, unbewußt, die glückliche Gabe, das wahre Schöne von dem bloß Malerischen, was vielen ihr Leben lang im Sinne steckt, trennen zu können. Diese Gabe bestand in einem treuen Gedächtnis für Leben und Bedeutung der Dinge, in der Freude über ihre Gesundheit und volle Entwicklung, in einer Freude, welche den äußern Formenreichtum vergessen kann, der oft eigentlich mehr ein Barockes als Schönes ist. So war er im Stande, einen mächtig in den Himmel strebenden Tannenbaum mit frohem Auge zu betrachten, während ein anderer denselben sogleich auf die Kunst bezog und die störende steife Linie hinweg wünschte und irgend einem recht zerrissenen verkrüppelten Birnbaum nachlief. Das glänzende ungebrochene Grün einer Wiese, eines Buchenwaldes im Frühling erquickte seinen Blick, indessen jener den 'giftigen Ton' beklagte und ein Stück faulen Sumpf bewunderte. In dieser Weise, die Natur zu ergreifen, war er über das malerische Verständnis hinaus zum allgemeinen dichterischen zurück gelangt, welches vom Anfang an in jedem Menschen liegt, und dieses zeigte ihm auch noch etwas Schönes, wo der Maler darbte". Keller hat wohl mit guten

Gründen diese Stelle bei der Umarbeitung des Romans gestrichen. Heute sind die Anschauungen in der bildenden Kunst freiere geworden und würden Kellers Auffassungsart eher entsprechen; man möchte manchmal an einen Einfluß des realistischen Dichtungstils auf die moderne Landschaftsmalerei denken.

Für uns aber besitzt die zitierte Bemerkung deshalb Wert, weil sie uns deutlich erklärt, was Keller in der Natur sah, wie er betrachtete und fühlte. Im Hinblick darauf wird man von vorneherein zögern, in seinen dichterischen Landschaftsmotiven den Maler aufspüren und erkennen zu wollen. Gewiß übte die künstlerische Beschäftigung mit der Natur auf Kellers Empfindungsleben einen großen Einfluß aus, aber weniger vielleicht als solche für sich, und mehr dadurch, daß sie ihn oft zum Aufenthalt im Freien veranlaßte, daß sie ihn im Freien beschäftigte, nicht müßig ließ; er fand dadurch reiche Gelegenheit, das Walten und Weben der Natur mit allen Sinnen zu erleben, sein Gemüt daran zu gewöhnen, ohne stets darauf aufmerksam zu sein.

b. Gefühlsmäßiges Erfassen der Natur.

Im Allgemeinen sind es nicht landschaftliche Formen, die uns in Kellers Naturmotiven so sinnenfrische Empfindungen erwecken; es ist vielmehr der Ausdruck des Genusses, des Reizes, der Stimmung, mit der Keller die Natur erlebt. Nicht formale Vorstellungen, sondern Erregungen des Gefühls will er in uns wach zaubern; das Gefühl, das offenbar in seiner Seele mit außerordentlicher Kraft lebte, besitzt in seinen Werken eine ungewöhnliche Bedeutung. Dabei nahm er die feinsten innern Bewegungen wahr, zerstörte sie jedoch nicht; vgl. G. I, 65:

> Ich aber, mein bewußtes Ich,
> Beschau' das Spiel in stiller Ruh.

Mit Vorliebe vergleicht er, wie Goethe, sein Seelenleben mit dem beweglichen, dem Wallen und Wogen des Gefühls ähnlichen, ruhelosen, geheimnisvollen Wasser; man lese z. B. das frohe Gedicht 'Nixe im Grundquell' (G. I, 87) oder die ergreifende 'Winternacht' (G. I, 74), mit der ersten Fassung (Br. 217).

Im Gefühl reflektierten sich die Erscheinungen der Außenwelt und schufen Eindrücke[1]) von dem ihnen eigenen Stimmungs- und Lebensgehalt, die haften blieben über die Dauer der Sinnesempfindung hinaus. Vgl. G. I, 67:

O küßet schnell die Himmelszeichen,
Eh' sich verdunkelt die Natur!
Mag dann der Abglanz auch erbleichen,
Im Herzen loht die schönre Spur.

Die Tiefe des inneren Erlebens bildete ein treues „Gedächtnis für Leben und Bedeutung der Dinge".

c. Pietät.

Die Natur spricht gleichsam eine eigene Sprache ohne Worte, eine Sprache, die sich nicht vollkommen durch Worte, gar nicht durch Begriffe verdolmetschen läßt, eine geheimnisvolle Erscheinungssprache, die die Seele belebt, ergreift, bedrückt und erschüttert. Wie aber im Wortschatz der Menschen sich viele Ausdrücke finden, die uns nicht reizen, unser Lebensgefühl nicht verstärken, so auch viele Gebilde im Formenschatz der Natur. Nur Erscheinungen, die gleichsam Seele besitzen, die einem fühlenden Wesen zu entstammen scheinen, wirken tiefer auf uns ein, Erscheinungen, die einen lebendigen Reiz, eine „Stimmung" enthalten. Die Stimmung ist geradezu ein Walten und Weben des Naturgeistes. Der grüne Heinrich kopiert Landschaften seines Lehrmeisters Römer (III, 49):

---

[1]) Vergleiche Goethes Worte zu Eckermann vom 6. Mai 1827: „Ich empfing in meinem Inneren Eindrücke, und zwar Eindrücke sinnlicher, lebensvoller, lieblicher, bunter, hundertfältiger Art, wie eine rege Einbildungskraft es mir darbot; und ich hatte als Poet weiter nichts zu tun, als solche Anschauungen und Eindrücke in mir künstlerisch zu runden und auszubilden und durch eine lebendige Darstellung so zum Vorschein zu bringen, daß andere dieselbigen Eindrücke erhielten, wenn sie mein Dargestelltes hörten oder lasen".

„Großes Vergnügen gewährte es mir, wenn ich einen oder einige Gegenstände, zu denen die vorliegenden Studien im Licht gehalten waren, in Schatten setzen mußte oder umgekehrt, wo dann durch eigenes Nachdenken und Berechnung ein Neues und doch einzig Notwendiges bezweckt wurde, nach den Bedingungen der Lokalfarbe, der Tageszeit, des blauen oder bewölkten Himmels und der benachbarten Gegenstände, welche mehr oder weniger Licht und Farbe zurückwerfen mußten. Gelang es mir, den wahrscheinlichen Ton zu treffen, der unter ähnlichen Verhältnissen über der Natur selbst geschwebt hätte — was man gleich sah, indem ein wahrer Ton immer einen ganz eigentümlichen Zauber übt — so beschlich mich ein [pantheistisch A.] stolzes Gefühl, in welchem mir meine Erfahrung und das Weben der Natur Eins zu sein schienen“.

Der Dichter ahnt[1]) in der Naturschönheit etwas Hohes, Verehrungswürdiges, ein geheimnisvolles Naturwalten[2]), vielleicht die Gottheit selbst. Dem jungen Heinrich, dem „kleinen Mystosophen“, erscheint die künstlerische Nachbildung dieser Schönheit als „eine Art wahren Nachgenusses der Schöpfung“ (I, 222). Naturgefühl und Gottesgefühl scheinen bei ihm identisch zu sein; „eine Art künstlerischen Fühlens“ stützt seinen Gottglauben (G. H. II, 324); die Natur vermochte ihm nur einen Wert zu haben, wenn er sie als das Werk eines ihm gleichfühlenden und voraussehenden Geistes betrachten durfte[3]). „Ein sonnedurchschossener Buchengrund konnte nur dann ein Gegenstand der Bewunderung sein, wenn ich ihn mir durch ein ähnliches Gefühl der Freude und der

---

[1]) G. H. II, 282 Es war „auf dem Lande ein starkes Ahnen in mir erwacht“.

[2]) Vgl. Nachg. Schr. 231 das „geheimnisvolle Naturwalten“ in den Landschaften Rudolf Kollers. — Z. N. 153 lauscht Salomon Landolt dem stillen Walten der Natur.

[3]) Doch verwendet Keller häufig Naturmotive gegensätzlich zu religiösen Gebräuchen und Anschauungen, z. B. Ged. I, 42 'Rosenwacht', im 'Verlorenen Lachen' des Jucundus Naturfreude gegenüber seiner Glaubensfremdheit.

Schönheit geschaffen dachte" (II, 324).

Als unter dem Einfluß der Feuerbachschen Philosophie die Vorstellung eines persönlichen Gottes aus Kellers Ideenkreis verschwand, konzentrierten sich die Gefühle der Schönheit und der Verehrung, „der Pietät", auf die Erscheinungswelt der Natur; Gott ist die Welt und die Welt in ihm, „Gott strahlt von Weltlichkeit" (G. H. II, 355). Das Gefühl von dem „Zusammenhang mit dem All und Einen" zersplitterte sich nicht; es blieb die Ahnung des großen Unendlichen, „auf welches mich" — gesteht der grüne Heinrich (I, 31) — „meine letzten Gedanken zurückführen und unter dessen Obhut ich zu wandeln glaube". Das Gefühl des Unendlichen einerseits und andererseits der poetisch sehnsüchtige Reiz der Vergänglichkeit, des ewigen Wandels alles Irdischen (G. H. II, 361) — eine leise „Grundtrauer" der sterblichen Seele — sie bilden beim reifen Keller die romantische Klangfarbe alles Naturempfindens. Erwacht sind sie nicht plötzlich, sie ruhten von Anfang an in seiner Seele, keimten und wirkten in ihr; aber die Feuerbachsche Lehre stärkte, reinigte sie, klärte sie ab[1]).

Der Verzicht auf ein Leben im Jenseits, das Bewußtsein des Verblühens, der Zeitlichkeit schwächten, lähmten die Lebensfreude des Dichters nicht; sie wiesen ihn nur um so bestimmter auf den Genuß des Erdendaseins zurück, auf ein „ganzes, glühendes Erfassen" des Sinnlichen, des Schönen, der Natur. Am anschaulichsten verdeutlicht diese Gefühlsrichtung und Erkenntnis das im Jahre 1879 entstandene „Abendlied":

Doch noch wandl' ich auf dem Abendfeld,
Nur dem sinkenden Gestirn gesellt;
Trinkt, o Augen, was die Wimper hält,
Von dem goldnen Ueberfluß der Welt.

d. Gegenwartsgefühl.

Keller vertiefte und verfeinerte seine natürlichen Anlagen,

[1]) B. II, 168 „Die Welt ist mir unendlich schöner und tiefer geworden."

besonders seine Empfindungsart. Wir begegnen zwar schon früher, z. B. im Sept. 44 im Gedicht 'Trübes Wetter' (I, 65), viel deutlicher aber in den Naturmotiven der Prosa einem außerordentlich reinen, duftigen Gegenwartsgefühl, das nicht leicht nacherlebt und nachgenossen werden kann. Man lese z. B. im 'Grünen Heinrich' II. Buch das Kapitel 'Abendlandschaft' oder das Einleitungsmotiv zu Kap. IV, Buch III. Es ist Stimmung von ungewöhnlich verfeinertem Reiz, deren Konzeption schon zartes, gesundes, von aller Nervosität und Gesuchtheit freies Sinnesleben, deren poetische Darstellung vermutlich eine staunenswerte Konzentration und Nachfühlungsfähigkeit verlangt hat. Das Gefühl reagiert auf die leisesten Lebensreize und das Bewußtsein erkennt und differenziert die verborgensten Regungen.

Aufgeregte Menschen empfinden kein Gegenwartsgefühl, keinen klaren Naturgenuß überhaupt: dieser erfordert innere Ruhe, Beherrschung der Sinne. Einer interessanten Erscheinung begegnen wir einmal im 'Grünen Heinrich' (II, 245), die zugleich Kellers Selbstbeobachtung illustriert. Der Junge rennt und tanzt wie ein Besessener über den Berg bei Annas Wohnstätte. „Als ich auf seiner Höhe war unter den Sternen, schlug es unten im Dorfe Mitternacht; die Stille war nun nah und fern so tief geworden, daß sie in ein geisterhaftes Getöse überzugehen schien, und nur, wenn sich diese Täuschung zerstreute und man gesammelt horchte, rauschte und zog unten der Fluß. Ein seliger Schauer schien, als ich einen Augenblick stand wie festgebannt, rings vom Gesichtskreise heranzuzittern an den Berg, in immer engeren Zirkeln bis dicht an mein Herz. . .“ Offenbar sind es fein beobachtete Erscheinungen des aufgeregten Blutkreislaufes, ähnlich wie in 'Romeo und Julia auf dem Dorfe' (L. v. S. I, 161 f.). Es bedurfte für Keller bei seinen trüben Lebensschicksalen wohl keiner geringen Selbstzucht, sein Leben seiner Dichternatur entsprechend zu führen; seine Biographie gibt dafür genug Beweise. Was ihm als wichtigste Bedingung dichterischer Lebenskunst erschien, hat er uns in einer Bemerkung des 'Grünen Heinrich' (III, 13) verraten: „Nur die Ruhe in der Bewegung hält die Welt und macht den Mann; die Welt ist innerlich ruhig und still, und so muß es auch der Mann sein, der sie verstehen und als ein wirkender Teil von ihr sie widerspiegeln will. Ruhe zieht das Leben an, Unruhe verscheucht es." Der künstlerische Mensch soll eher leidend zusehen und den Dingen nicht nachjagen; seine mühevolle Arbeit bestehe in der Erhaltung der Freiheit und Unbescholtenheit der Augen, d. h. wohl überhaupt in der Bewahrung der Unverdorbenheit und Klarheit des Sinnenlebens, in der Abwehr des Fremden, Unwahren.

e. Betrachtungsvermögen.

Keller war offenbar eine stark beschauliche, zum Betrachten geneigte Natur, sei es nun zum Betrachten der objektiven Außenwelt, sei es des eigenen Innern in seinem Verhalten zu äußern Einflüssen. Diese Neigung begleitete ihn überall hin und richtete sich auf die verschiedensten Dinge, auf ein Ameisennest im Walde (B. I, 210), auf die Blumen im botanischen Garten (B. I, 239 f.), auf das Leben und Leiden einer Kreuzspinne (G. H. IV, 22 ff.) oder auch auf die Theaterbesucherinnen zu Berlin, deren Hüte und Halskrausen er so genau studiert, daß er „einem ansehnlichen Putzmachergeschäft würdig vorstehen könnte" (B. II, 121).

Die Schärfe der Beobachtung und die Freude an Detailschilderungen, wie sie sich etwa in der Beschreibung von Züs Bünzlins Habseligkeiten oder von John Kabys' Raritäten äußert und — seltener zwar — in den Landschaftsmotiven geltend macht, und die Naturwahrheit der Darstellungen haben Zeitgenossen Kellers überrascht, so daß sie wähnten, er arbeite mühsam wie ein Holzschnitzler, da sie sein Bildergedächtnis, sein inneres Anschauungsvermögen nicht erfassen konnten (Walzel 45). Als Muster realistischer Schilderung sei die Beschreibung des zerfallenen, „mehr malerischen als wirtlichen Hofes" von Vreneli Marti erwähnt (L. v. S. I, 112 f.)

Dieselbe Sicherheit und Frische des Schauens richtet sich auf alle innern und äußern Sinne; die verblüffende Wahrheit und Einfachheit der dargestellten Seelenvorgänge zeugt davon. Die feine Verwendung des Gesangs, des Glockengeläutes, des Vogelgezwitschers, des Duftes, des Zusammenhangs zwischen Ton- und Farbenerscheinungen beweisen es. Regine wird durch ein Jugendlied in traumartiges Sinnen versetzt (S. G. 84). Justine wandert auf einem Bergwege dem wiedergewonnenen Gatten entgegen (L. v. S. II, 367); „die tiefen, vollen Töne der mächtigen Glocken flossen zusammen und erfüllten weit und breit die Luft wie ein unendliches Klangmeer, welches an das klopfende Herz Justinens hinanschwoll und es in seine Tiefen zurückzuziehen drohte". Lucie und Reinhart küssen sich (S. G. 339), hingerissen von dem schmetternden Gesange einiger Kanarienvögel. Pankraz erzählt (L. v. S. I, 56), er sei vom Blumenduft zu einem Liebesgeständnis verführt worden: „Ich glaube diesen betörenden Hauch und Duft noch jetzt zu fühlen, wenn ich daran denke; wahrscheinlich übte er eine ähnliche Wirkung auf das Geschöpf, das neben mir ging." — Der grüne Heinrich äußert sich in ähnlicher Weise (IV, 175) über die Wirkung eines Räucherduftes: „Indessen war der Aufenthalt in der Tat feierlich sowohl durch die hereinflutende sonnige Luft als durch den Duft eines feinen Räucherwerkes, das vorher in dem Raum verbrannt worden war. Die Farbenpracht, die uns umgab, schien hierdurch noch an Kraft und Tiefe zu gewinnen". — Beim Mischen delikater Farbentöne erklärt Salomon Landolt der „Grasmücke" (Z. N. 220) die Wirkungen der Maultrommelmusik. „Er ergriff das kleine Instrumentchen . . . . ., setzte es an den Mund und entlockte ihm einige zitternde, kaum gehauchte Tongebilde, die bald zu verklingen drohten, bald zart anschwellend in einander verflossen. 'Sehen Sie', rief er, 'dies ist jenes Hechtgrau, das in das matte Kupferrot übergeht auf dem Wasser, während der Morgenstern noch ungewöhnlich groß funkelt! Es wird heute in dieser Landschaft regnen, denke ich'".

Wie sicher empfunden ist der Einfluß der Mondnacht auf Sali und Vrenchen (L. v. S. I, 161), der Abenddämmerung auf Regine (S. G. 101), wie ergreifend ist das Erwachen der Sinnlichkeit zwischen Heinrich und Anna (G. H. II, 405 f.) dargestellt! Keller war ein außerordentlich verfeinerter Genießer aller Stimmungen und Regungen des Lebensgefühls, von fast raffinierter geistiger Sinnlichkeit. Mit welcher Lust schildert er im 'Grünen Heinrich' (A. III, 218 ff.) die berauschende Erscheinung der Agnes; wie gesund verführerisch wirkt das ganze Wesen der Judith, ihre Gestalt, ihr Gang! Heinrich entschlüpft mit ihr den „barmherzigen Brüdern“ (B. II. 422): „Indem wir eilend weiterschritten, gingen wir um einige Spannen entfernt neben einander her; ich hielt mich spröde zurück, während mein Ohr keinen Ton ihres festen und doch leichten Schrittes verlor und begierig das leise Rauschen ihres Kleides vernahm. Die Nacht war dunkel, aber das Frauenhafte, Sichere und die Fülle ihres Wesens wirkte aus allen Umrissen ihrer Gestalt wie berauschend auf mich“.

Diese Beispiele mögen zeigen, daß Kellers Betrachtungsbedürfnis sich nicht bloß auf malerische Erscheinungen, sondern auch auf die zartesten Vorgänge im Sinnenleben der Menschen richtete, besonders wo es mit der äußern Natur in Beziehung steht. Diese Eigenart macht sich auch in der Verwendung und Behandlung der Landschaft geltend. Wir sehen nicht nur Landschaftsbilder, sondern wir erleben sie, wir erleben die ganze Natur, die in ihnen atmet.

Keller besaß ein außerordentlich sensibles Empfindungssystem, ein reizbares feines Lebensgefühl; viel stärker als bei gewöhnlichen Menschen erregten die Sinneseindrücke bei ihm Gefühle der Lust und Unlust, der Freude oder Widerwärtigkeit; er lebte in Empfindungsgenüssen. Die Erscheinungen der Dinge bedeuteten ihm mehr als dem Durchschnittsmenschen; die Gestalt toter Gebilde, die Formen und Bewegungen der Lebewesen besaßen ihm alle einen die Vitalität angenehm erregenden oder bedrückenden Reiz, der sich nicht in Worte fassen läßt. Als Geschöpfe und Glieder des Naturwunders in seiner rätselhaften Schönheit sind sie alle wunderbar, rätselhaft, merkwürdig, geheimnisvoll, seltsam [1]); sie besitzen irgend eine metaphysische Bedeutung, eine Wesenhaftigkeit in ihrer Form, die der Mensch mit Begriffen nicht erfassen, nur mit Verwunderung ahnen kann; darin liegt ihr geheimer Reiz, ihre Einwirkungskraft auf das Lebensgefühl des Menschen. Dieser Reiz besteht freilich nicht immerwährend, er wirkt nur in bestimmten Augenblicken, nur wenn das hohe Ahnen in der Seele erwacht, nur wenn das leise Weben und Walten der ganzen Natur sich dem Gemüt des Betrachters offenbart, es in belebende Schwingungen versetzt, d. h. wenn irgend eine „Stimmung" auf der Landschaft liegt, unter den Einwirkungen der Atmosphäre und der Sonne. In der dichterischen Darstellung verwendet Keller noch andere „Verbündete", die Welteinsamkeit des Lokals, die Spannung der Liebe.

f. Innere Anschauung.

In den 'Mißbrauchten Liebesbriefen' gibt Keller den Naturkopisten Viggi Störteler dem Spotte der Leser preis. Solchen Poeten war er nicht grün gesinnt; er brummt über sie (N. Sch. 47 f.): „Unsere heutigen Dichter verreisen jeden Taler, den sie aufbringen können. . . Und was ist die Frucht von all der rastlosen Bewegung? Hier ein Reisebildchen, dort ein Genrebildchen und zuletzt ein schwindsüchtiges Drama, dessen taciteische Kürze lediglich der Deckmantel ist für die verlorene Intuition, für das verzettelte Anschauungsvermögen. Die unmittelbare Beschreibung, sobald sie sich für Dichtung geben will, bleibt immer hinter der Wirklichkeit zurück; aber die dichterische Anschauung, die sich gläubig und sehnsuchtsvoll auf das Hörensagen beruft [2]), wird

[1]) Lieblingswörter Kellers.

[2]) Z. B. für 'Tell'.

sie gewissermaßen überbieten und zum Ideal erheben, ohne gegen die Natur zu verstoßen“ [1]).

Keller selbst dichtete aus der Anschauung heraus; lange scheint er seine Stoffe in der Phantasie geformt zu haben; wo ihm diese nicht sicher genug arbeitete, machte er eingehende Wirklichkeitsstudien [2]). Die Niederschrift jedoch geschah nach Stimmungen [3]), schnell, wenn solche erwachten, nicht mühsam, wie die Arbeit eines Holzschnitzlers [4]). Seine ungewöhnliche Beobachtungsgabe und Empfindungsfreude schenkte ihm einen überwältigenden Reichtum von Anschauungsstoff. Die ihn erfüllende Stimmung übertrug sich in die Werke; die Verwendung der Landschaft scheint darauf zu beruhen. Visionartig wird Keller im Akte des Schaffens seine Gebilde direkt durchgelebt haben, allerdings mit der Freiheit künstlerischer Ironie.

Das Gedächtnis erlebter Natureindrücke und Sinnesempfindungen überhaupt, die Fähigkeit phantasiemäßigen Nacherlebens, Nachgenießens aus dem Gefühl heraus, die innere Anschauungsgabe Kellers muß von schwer ahnbarer Kraft und Lebhaftigkeit gewesen sein; bedenke man nur, daß der erste ‘Grüne Heinrich’ in Berlin entstanden ist. Mit welcher Konzentra-

---

[1]) Aehnlich hatte sich Lenau in einem Briefe an Schurz (28. Juni 1834) geäußert: „Ferner tadle ich dieses Hinausgehen in den Wald, dieses Herumspionieren, ob die Natur nicht irgendwo einen poetischen Anhaltspunkt biete, gleichsam eine Blöße gebe, wo ihr beizukommen ist. Bei dieser Manier (so muß ich allerdings dieses Verfahren nennen) lebt der Dichter gar zu sehr in der Außenwelt; er lauert beständig auf Naturerscheinungen, an welchen er am Ende bloß herumdeutelt. Ich meine, der Dichter soll ein Gebilde im Innern und aus seinem Innern hervor schaffen und die äußere Natur soll ihm nur aus der Erinnerung, die im Augenblick der dichterischen Tätigkeit freilich zur fruchtbaren Anschauung werden muß, gewisse Mittel suppeditieren. Kürzer: die angewandte und zum Symbol gewordene Naturerscheinung soll nie Zweck, sondern nur Mittel sein zur Darstellung einer poetischen Idee“.

[2]) C. F. Meyer II, S. 514; Frey, Erinnerungen S. 35.

[3]) Frey, Er. S. 39.

[4]) Walzel S. 45.

tion der Einfühlung muß dieser Dichter gearbeitet haben, da besonders in den Werken der Reifezeit die Suggestionskraft jedes Ausdruckes, sei er durch instinktives Erhaschen und Erschaffen, sei er durch Ueberlegung hingeschrieben, als berechnet erscheint[1]).

Auch einigen Charakteren Kellers ist die Gabe innerer Anschauung verliehen. Als der verliebte grüne Heinrich aus seinem Heimatdorf wieder in die Stadt zurückkehrt, gesteht er (II, 270): „Im Angesichte der großartigen Landschaft, welche die Stadt umgibt, schwebte mir nur die verlassene Gegend wie ein Paradies vor, und ich fühlte erst jetzt jeden Reiz ihrer einfachen und anspruchslosen, aber so ruhigen und lieblichen Bestandteile".

Von Dortchen Schönfund erklärt Heinrich, indem er uns zugleich die Situation der Konzeption anmutig darstellt (IV, 227): „Das Bild dieses Augenblicks ist mir auch geblieben, gleich dem stillen Glanz eines Sternes, den man einmal in ungewöhnlich klarer Luft leuchten sah und niemals vergißt". Die Erscheinung der wiedergefundenen Judith gräbt sich so tief in sein Gedächtnis ein, daß der Anblick ihn in der Erinnerung immer wieder irre macht (277): „Neben der Erinnerung an Dortchens Angesicht . . . leuchtet mir Judiths Anblick fort wie ein Doppelstern" (vgl. auch S. G. 316 Lucie über den Eindruck von Leodegars dämonischem Gesicht). Bemerkenswert äußert sich Pankraz über Lydia (L. v. S. I, 45 f.): „Vor meinen Gedanken ging die schöne Gestalt vorüber und ich sah sie deutlich, wie sie die drei Male gekommen war, mit jeder ihrer Bewegungen und jedes Wort tönte noch nach . . .". Ich entdeckte „mit Verwunderung, daß aus jenem ganzen Zeitraume jede Art und Wendung ihrer Erscheinung, jedes einzelne Auftreten sich ohne mein Wissen mir eingeprägt hatte . . .

---

[1]) Inbezug auf seine Gedichte äußerte er sich einmal (B. II, 132): „Jedes gute Lied kostet einen schrecklichen Aufwand an konsumierten Viktualien, Nervenverbrauch und manchmal Tränen, vom Lachen oder vom Weinen, gleichviel, und dann wird's bogenweise verkauft".

Diese sämtliche Herrlichkeit hatte also gleichsam schlafend oder heimlicherweise sich in mir aufgehalten.“

Etwas anderes ist die Anschauung, die Keller im Leser erweckt. Er brachte wohl niemals all das, was er selbst innerlich wahrnahm, zu Papier; er konnte das gar nicht. Er stellte bloß das, was für seine Zwecke künstlerisch gerade bedeutsam war, nur das Wesentliche dar, und die Wirkung dieses Wesentlichen ist wohl wiederum abhängig von der Nachfühlung und der Phantasie des Lesers. Im allgemeinen scheint Keller weniger genaue Vorstellungen von sinnlichen Erscheinungen, besonders von Landschaften, zu erwecken, als allgemeine Stimmungsbilder, deren Wirkung hauptsächlich von der sprachlichen Darstellung abhängt[1]). Die größten Ansprüche an das innere Gesicht macht überall die Beschreibung des Aeußeren seiner Gestalten. (Vergleiche den Abschnitt: „Anschauungsgehalt der Sprache“).

---

[1]) Vgl. auch Müller-Gschwend S. 73.

Inhalt.

Zeitfracht Medien GmbH
Ferdinand-Jühlke-Straße 7
99095 Erfurt, Deutschland
produktsicherheit@kolibri360.de